Kinder entdecken die Welt

Die Erde
auf der wir leben

Text von
Steve Parker

Illustrationen von
Giuliano Fornari und
Luciano Corbella

Bechtermünz Verlag

Text: Steve Parker
Illustrationen: Giuliano Fornari, Luciano Corbella
Fachberatung: Sue Rigby

Genehmigte Lizenzausgabe für Weltbild Verlag GmbH, Augsburg 1998

Aus dem Englischen von Christel Wiemken

Umschlaggestaltung: KA-BA factory, Augsburg
Printed in Slovakia

ISBN 3-8289-5937-7

INHALT

DIE ERSTAUNLICHE LANDSCHAFT DER ERDE

Was ist groß und phantastisch? Vielleicht ein Film auf der Großleinwand? Ein Rockkonzert mit Laserbeleuchtung in einem Stadion für 50 000 Besucher? Kein derartiges von Menschen inszeniertes Schauspiel läßt sich auch nur entfernt mit den Naturwundern unseres Planeten, der Erde, vergleichen.

Das Problem besteht darin, daß die Erde so groß ist und ihre Landschaften so weitläufig sind, daß wir Mühe haben, sie uns vorzustellen. Die Erde hat einen Durchmesser von fast 12 800 km; ein Bagger, der in einer Minute ein Loch von einem Meter Tiefe aushebt, würde 24 Jahre brauchen, bis er auf der anderen Seite angekommen ist. Der Äquator, der sich um die Erdmitte herumzieht, ist 40 075 km lang; ein Auto mit einer Stundengeschwindigkeit von 110 km wäre 15 Tage unterwegs, bis es die Erde einmal umrundet hätte. Die Erde hat ein Gewicht von fast 6 000 Trillionen Tonnen, und ihr Alter von 4,5 Milliarden Jahren übersteigt die Vorstellungskraft. Wenn die Erde im vorigen Jahr entstanden wäre, hätte sich die Geschichte der Menschheit in der allerletzten Minute abgespielt.

Grandiose Erde

Dies sind nur einige der Naturwunder der Erde, und die meisten von ihnen existieren bereits seit Millionen von Jahren. Aber in der Geschichte der Erde ist auch eine Million Jahre nur eine kurze Zeitspanne – sie entspricht etwa zwei Stunden in einem Jahr. Und nichts, nicht einmal riesige Felsen, besteht ewig.

Ein heiliger Berg
Der größte Einzelberg der Erde ist Ayers Rock in Zentralaustralien. Er besteht aus rötlichem Gestein, ist 2,5 km lang, 1,5 km breit und ragt rund 350 m hoch auf. Die australischen Ureinwohner nennen den Berg Uluru und verehren ihn als Heiligtum.

Chimney Rock
Dieser Felsen erhebt sich 100 m hoch über die Ebene von Nebraska, USA, und ist schon aus 50 km Entfernung zu sehen. Das Gestein in seiner Umgebung wurde im Laufe der letzten zwei Millionen Jahre von Regenwasser weggespült.

Steinerner Wasserfall
In dem algerischen Ort Haman Meskutin sprudelt aus zehn Quellen heißes Wasser, in dem viele Mineralien gelöst sind. Im Verlauf vieler Jahrhunderte haben sie einen „steinernen Wasserfall" entstehen lassen.

Das Matterhorn
Dieser 4 478 m hohe Berg in den Alpen, der 1865 erstmals bestiegen wurde, gehört zu den berühmtesten der Welt. Gletscher haben mehr als zwei Millionen Jahre lang seine Wände abgemeißelt und ihm die Form einer spitzen Pyramide verliehen.

Der Fudschijama
Dieser kegelförmige Vulkanberg ist 3 776 m hoch und befindet sich in Japan, ungefähr 100 km südlich von Tokio. Sein Krater hat einen Durchmesser von rund 600 m, seine Grundfläche beträgt 908 Quadratkilometer.

Unheimliches Gebilde
Im US-Staat Wyoming ragt der 265 m hohe Devil's Tower (Teufelsturm) empor. Die Indianer hielten ihn für den Wohnsitz eines bösartigen Gottes. In Wirklichkeit ist er ein Gebilde aus hartem Gestein, das vor 50 Millionen Jahren entstanden ist.

Der Karst von Kweilin
Bei Kweilin in Südchina gibt es ein riesiges Gebiet mit gewaltigen Kalksteinbuckeln, die Höhen von 100 m und mehr haben und durch tiefe Schluchten voneinander getrennt sind.

Trockene Wellen
Vom Wind aufgetürmte Dünenkämme sehen aus wie riesige Wellen in einem wasserlosen Meer. Sie finden sich in der roten Simpsonwüste im zentralen Australien. Einige von ihnen sind mehr als 30 m hoch.

Die Erdpyramiden von Ürgüp
Diese merkwürdige Ansammlung von Tuffsteingebilden, von denen einige 100 m hoch sind, findet sich im Südosten der Türkei. Manche von ihnen tragen Kappen aus hartem Eruptivgestein.

Las Marismas
Diese Marschlandschaft liegt an der Mündung des Guadalquivir in Südwestspanien. Küstennahe Meeresströmungen haben die Flußmündung teilweise verschlossen, so daß ein riesiges Feuchtgebiet mit Sümpfen, Wasserrinnen und Inseln entstanden ist.

Unsere wandelbare Erde

Einige Bergketten und Teile des Meeresbodens sind seit Millionen von Jahren unverändert. Aber es kommt vor, daß ganze Landstriche im Verlauf einiger Tage ein völlig neues Aussehen erhalten. So wurden zum Beispiel beim größten Vulkanausbruch in neuerer Zeit binnen weniger Stunden zwei Drittel der Insel Krakatau in die Luft gesprengt. Unsere Abbildungen vermitteln eine Vorstellung von den ungeheuren Gewalten der Natur.

Explodierende Insel
1883 kam es auf Krakatau, einer zwischen Sumatra und Java liegenden Insel, zu einer Reihe heftiger Vulkanausbrüche. Die Explosionen waren noch in 4 000 km Entfernung zu hören, und eine 20 m hohe Flutwelle kostete 36 000 Menschen das Leben. Inzwischen ist ein neuer Vulkan herangewachsen.

Eismassen
Eisberge, die so groß sein können wie ein ganzes Land, brechen von den Gletschern am Nord- und Südpol der Erde ab (Seite 46–47). Einer von ihnen hatte eine Länge von 335 km und eine Breite von 100 km und war damit größer als Belgien.

Der tiefste Punkt der Erde
Mit 395 m unter dem Meeresspiegel ist die Küste des Toten Meeres der tiefste Punkt der Erde. Der Grund des Toten Meeres liegt sogar 794 m unter dem Meeresspiegel. Das Wasser enthält ungefähr siebenmal so viel Salz wie gewöhnliches Meerwasser.

Mit Blitzesschnelle
In jeder Sekunde zucken auf der Erde rund hundert Blitze von Wolken auf den Boden herab. Ein heftiger Blitz kann 6 km lang sein und so viel Energie besitzen, daß man mit ihr eine Großstadt ein Jahr lang versorgen könnte.

Bauen mit Skeletten
Überall in seichten tropischen Gewässern bilden die Kalkskelette winziger Korallentierchen gewaltige Kalksteinriffe (Seite 50–51). Das längste Korallenriff der Welt ist das Große Barriereriff vor der Küste Australiens; es ist 2 000 km lang.

Das formende Meer
Die Klippen an der nordfranzösischen Küste erhalten durch die Wellen des Ärmelkanals immer wieder ein neues Aussehen. Seit Menschengedenken haben sich die Formen der Landzungen und der Überhänge, Bögen und Felsnadeln mehrfach verändert (Seite 48–49)

DIE ERDE IM WELTALL

Das Universum besteht aus Millionen von Sternsystemen oder Galaxien, die sich mit unvorstellbarer Geschwindigkeit durch den Weltraum bewegen und sich dabei immer weiter voneinander entfernen. Eine Galaxie besteht aus Millionen von Sternen, von relativ kleinen „Weißen Zwergen“ bis hin zu gewaltigen „Roten Riesen“. Wir wissen, daß es in einer dieser Galaxien einen mittelgroßen Stern gibt, um den neun Planeten kreisen. Auf dem dritten Planeten von diesem Stern aus gibt es viele verschiedene Formen von Lebewesen. Eines davon liest diese Worte. Das bist du. Du lebst auf dem Planeten Erde, der um einen Stern kreist, den wir Sonne nennen und der Teil des Milchstraßensystems ist, einer der unzähligen Galaxien in einem Universum, das so riesig ist, daß wir seine Grenzen nicht kennen.

Die Sonne und die neun um sie kreisenden Planeten nennen wir das Sonnensystem. Die Planeten unterscheiden sich erheblich voneinander, und wahrscheinlich gibt es auf keinem von ihnen, die Erde ausgenommen, lebende Wesen. Aber da im Universum Millionen von Sternen vorhanden sind, ist es durchaus möglich, daß es irgendwo in anderen Galaxien Planeten gibt, die der Erde ähneln und auf denen Leben wie auf der Erde existiert.

Die Anfänge des Sonnensystems
In früheren Jahrhunderten wußten die Menschen nicht, daß die Erde die Form einer Kugel hat. Sie hielten sie für eine flache Scheibe, über der die Sterne kreisten, und glaubten, an den Rändern der Scheibe ergösse sich das Meer in die Finsternis, in der gewaltige Ungeheuer lauerten. Doch dann bewies im Jahre 1543 der polnische Astronom Nikolaus Kopernikus, daß die Erde um die Sonne kreist. Das war der Beginn der modernen Astronomie. Über die Entstehung des Sonnensystems gibt es mehrere Theorien. Eine besagt, daß ein vorbeiziehender Stern einen riesigen Strom oder eine „Flut“ von Materie von der Sonne wegriß und daß sich diese Materie später zu Planeten verdichtete. Einer anderen, wahrscheinlicheren Theorie zufolge bildete sich das Sonnensystem aus einer riesigen Staub- und Gaswolke, die von der Schwerkraft zusammengezogen wurde (siehe Seite 12).

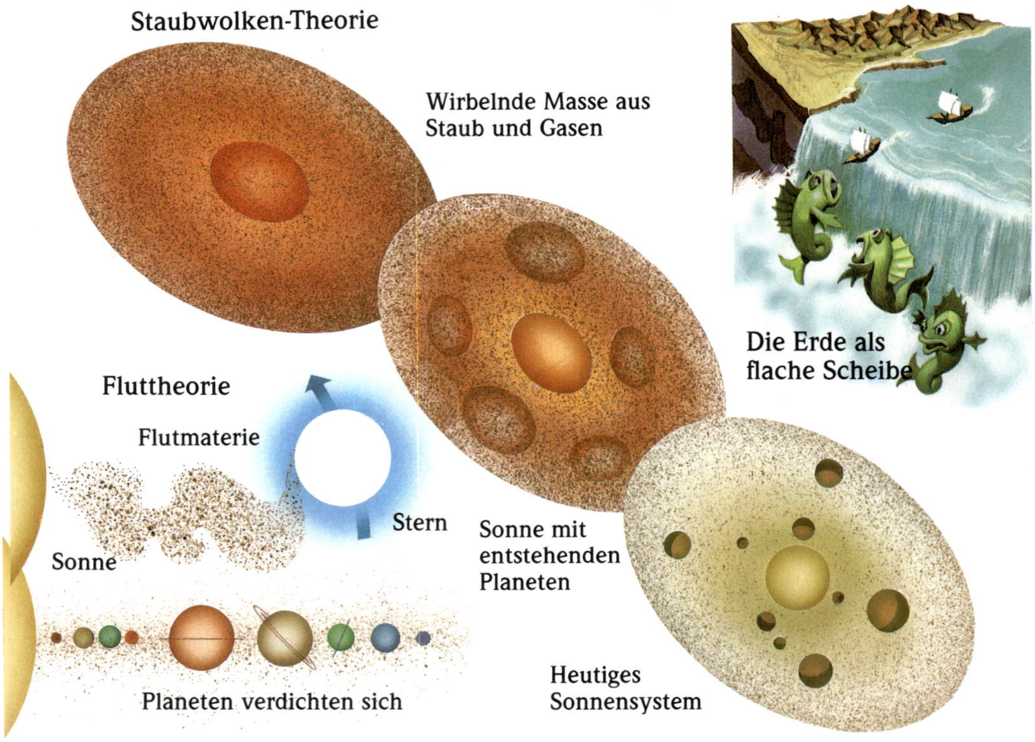

Bilder vom Sonnensystem
Moderne Teleskope ermöglichen es den Wissenschaftlern, von den uns am nächsten stehenden Planeten klare Nahaufnahmen zu machen; diese Instrumente registrieren neben Lichtwellen auch Röntgen-, Radio- und andere Wellen. Auf Mars und Venus, den beiden erdnächsten Planeten, sind Raumsonden gelandet. Weitere Raumsonden sind an anderen Planeten vorbeigeflogen und haben Aufnahmen zur Erde übermittelt, so daß wir über unsere Nachbarn im Sonnensystem bereits eine Menge wissen.

Die Sonne
Die Sonne ist eine gewaltige Kugel aus heißen Gasen, vorwiegend Wasserstoff und etwas Helium. Ihr Durchmesser von 1 390 000 km ist mehr als hundertmal so groß wie der der Erde. Die Oberflächentemperatur beträgt rund eine Million Grad Celsius – eine Hitze, die so groß ist, daß sie uns sogar in Millionen Kilometer Entfernung noch verbrennen kann.

Merkur
Der innerste und heißeste Planet unseres Sonnensystems hat einen Durchmesser von 4 880 km und ist nur 58 Millionen km von der Sonne entfernt. Die Oberflächentemperatur kann bis auf 380 Grad Celsius ansteigen. Für eine Umkreisung der Sonne braucht Merkur 88 Erdtage.

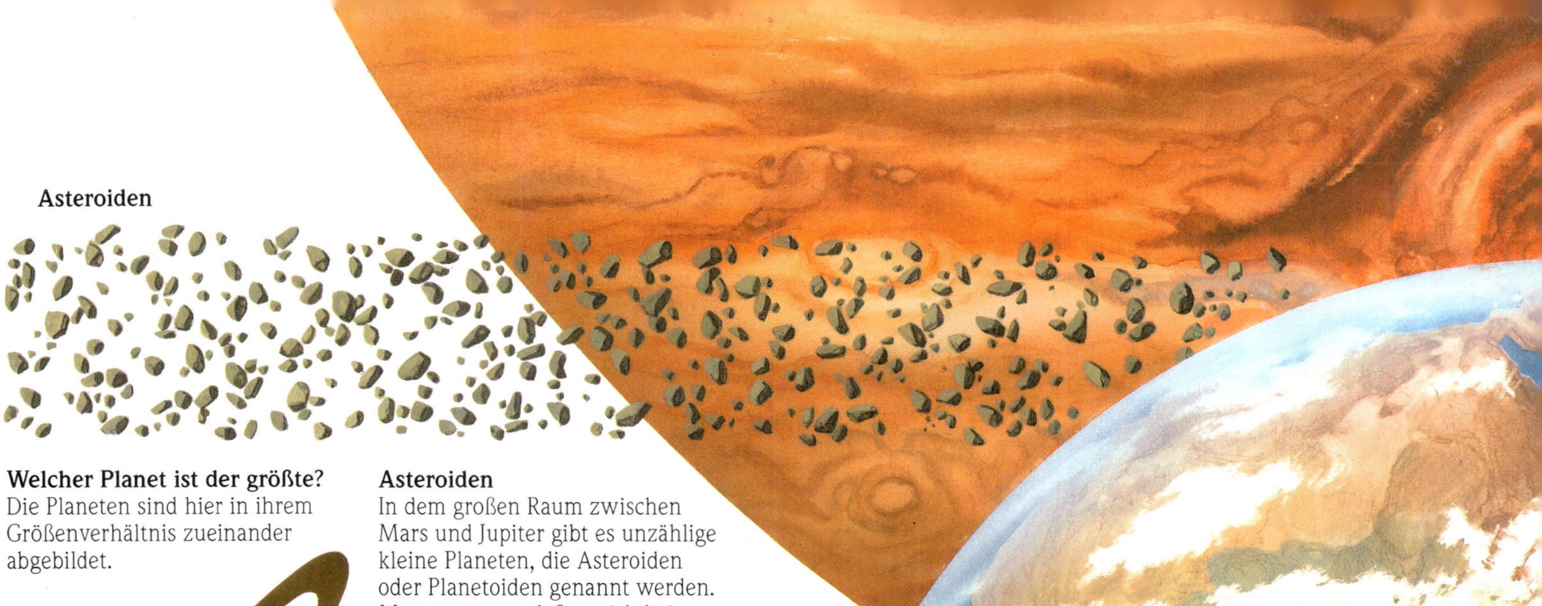

Asteroiden

Welcher Planet ist der größte?
Die Planeten sind hier in ihrem Größenverhältnis zueinander abgebildet.

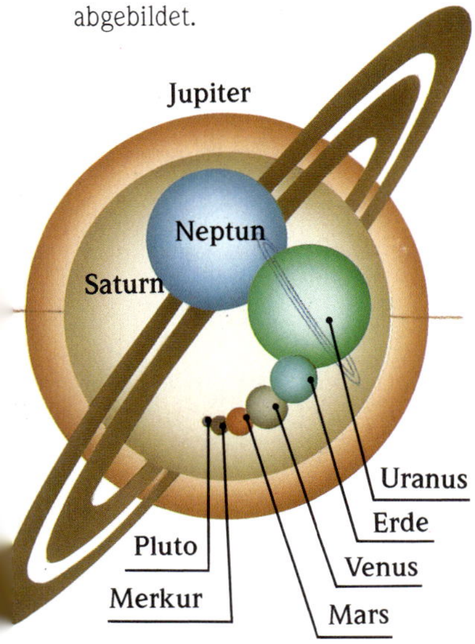

Asteroiden
In dem großen Raum zwischen Mars und Jupiter gibt es unzählige kleine Planeten, die Asteroiden oder Planetoiden genannt werden. Man vermutet, daß es sich bei ihnen um die Teile eines zerbrochenen Planeten oder, was wahrscheinlicher ist, um Materiebrokken handelt, die mit dem Sonnensystem entstanden, aber nicht Planetengröße erreichten.

Die Erde
Von der Sonne aus der dritte Planet, 150 Millionen km von ihr entfernt, ist die Erde. Sie hat einen Durchmesser von fast 12 800 km und braucht 365 Tage (unser Kalenderjahr), um einmal um die Sonne zu kreisen. Sie ist der einzige Planet, auf dem es Wasser gibt, und ihre Atmosphäre besteht vor allem aus Stickstoff und dem lebensnotwendigen Sauerstoff. Die Oberflächentemperatur kann zwischen −70 und mehr als 50 Grad Celsius schwanken, liegt aber im Durchschnitt bei angenehmen 20 Grad Celsius.

Erde

Venus
Mit einem Durchmesser von 12 000 km ist die Venus fast genauso groß wie die Erde und hat auch sonst einige Ähnlichkeit mit ihr. Sie braucht für eine Umkreisung der Sonne, von der sie 108 Millionen km entfernt ist, 225 Erdtage. Die Oberfläche dieses Planeten umgibt eine Atmosphäre aus Kohlendioxid.

Venus

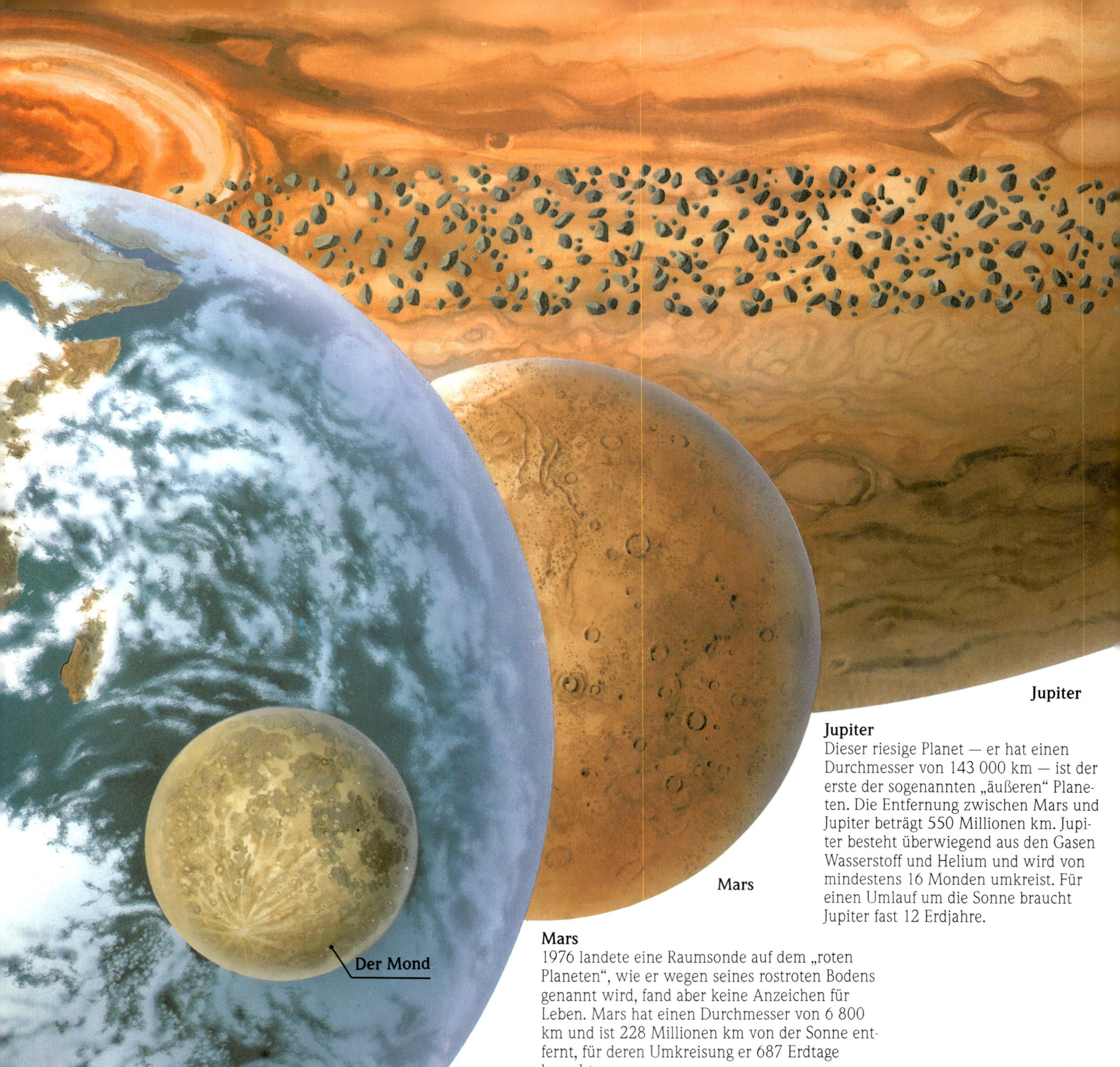

Jupiter
Dieser riesige Planet — er hat einen Durchmesser von 143 000 km — ist der erste der sogenannten „äußeren“ Planeten. Die Entfernung zwischen Mars und Jupiter beträgt 550 Millionen km. Jupiter besteht überwiegend aus den Gasen Wasserstoff und Helium und wird von mindestens 16 Monden umkreist. Für einen Umlauf um die Sonne braucht Jupiter fast 12 Erdjahre.

Mars
1976 landete eine Raumsonde auf dem „roten Planeten“, wie er wegen seines rostroten Bodens genannt wird, fand aber keine Anzeichen für Leben. Mars hat einen Durchmesser von 6 800 km und ist 228 Millionen km von der Sonne entfernt, für deren Umkreisung er 687 Erdtage braucht.

Der Mond
Der einzige natürliche Satellit der Erde, der Mond, hat einen Durchmesser von 3 470 km und braucht für eine Umkreisung der Erde 29 Tage. Er hat keine Atmosphäre und ist eine steinige, leblose Welt mit zerklüfteten Gebirgen und riesigen, schüsselförmigen Kratern, von denen einige mehr als 1 000 km Durchmesser haben.

Das Magnetfeld der Erde

Im Erdinnern gibt es eine Schicht aus geschmolzenem Eisen und Nickel (siehe Seite 13). Man nimmt an, daß diese Schicht langsam fließt und dabei Elektrizität erzeugt, durch die ein Magnetfeld entsteht. Man kann es sich so vorstellen, daß sich im Erdinnern ein riesiger, stangenförmiger Magnet befindet, an dessen einem Ende der magnetische Nordpol liegt, am anderen der magnetische Südpol.

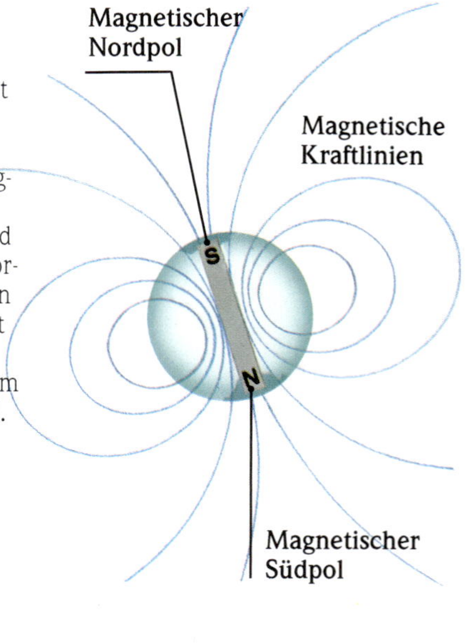

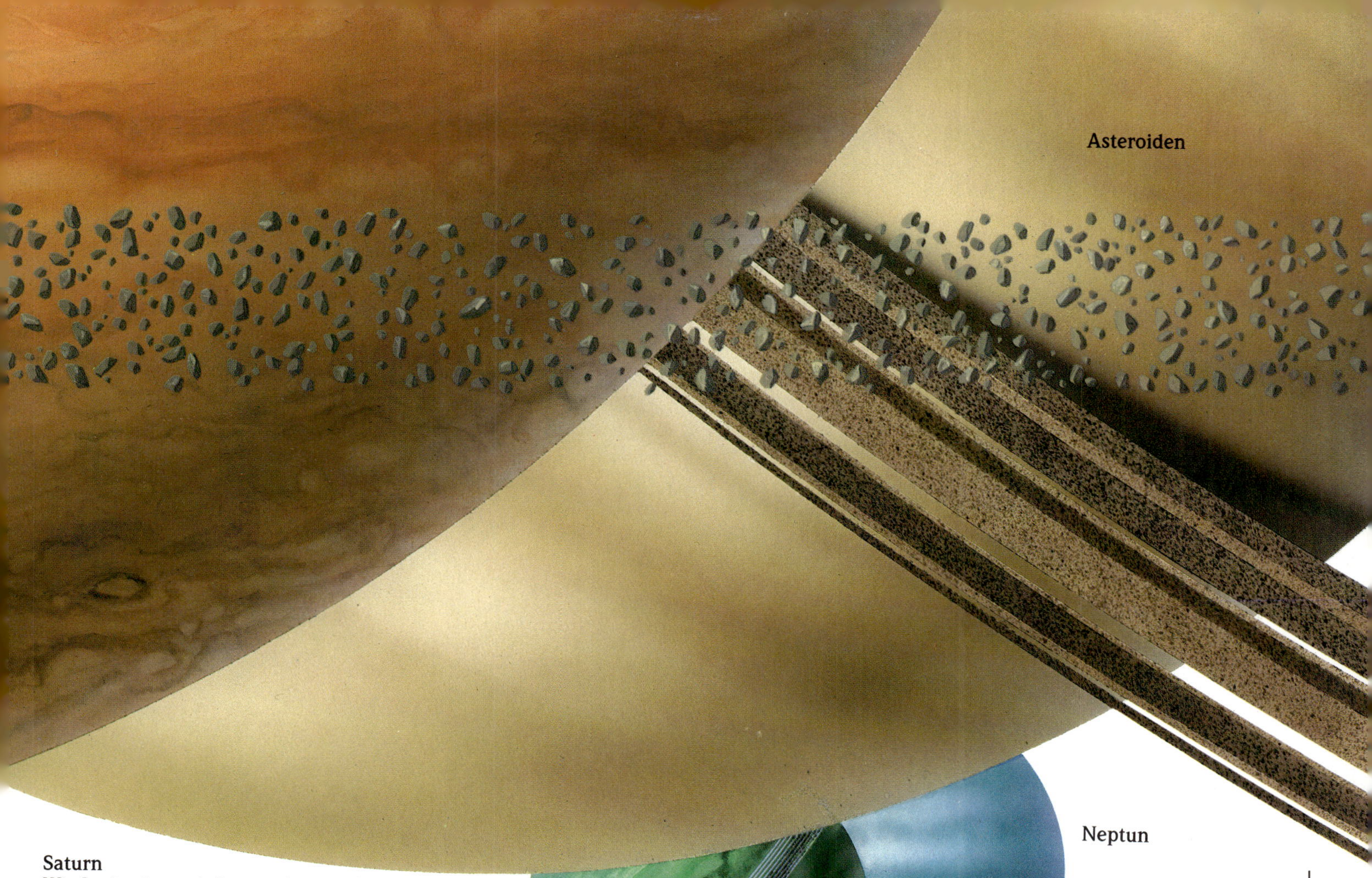

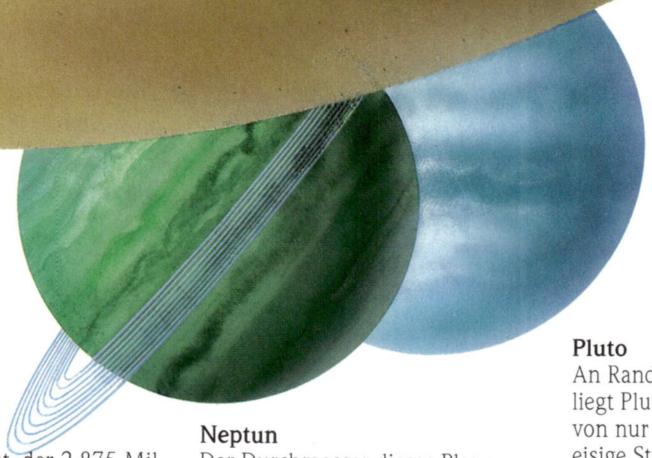

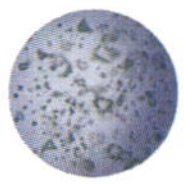

Saturn
Wie Jupiter ist auch Saturn ein „Gasriese“. Er hat einen Durchmesser von 120 000 km, besteht fast nur aus Wasserstoff und Helium und braucht 29 Erdjahre für einen Umlauf um die 1 428 Millionen km von ihm entfernte Sonne. Seine berühmten Ringe bestehen vermutlich aus wirbelnden, von Eis umhüllten Gesteinsbrocken, die faustgroß sein, aber auch Hausgröße haben können. Der äußerste Ring hat einen Durchmesser von 600 000 km, aber alle Ringe zusammen sind nur 2 km dick.

Uranus
Auch dieser Planet, der 2 875 Millionen km von der Sonne entfernt ist und für einen Umlauf um sie 84 Erdjahre braucht, hat ein Ringsystem. Möglicherweise gibt es 10 000 km unterhalb seiner Atmosphäre aus Gasen Meere.

Neptun
Der Durchmesser dieses Planeten beträgt 49 500 km; damit ist er nur 1 500 km kleiner als Uranus. Für einen Umlauf um die Sonne, von der er fast 4 500 Millionen km entfernt ist, braucht er 164 Erdjahre.

Pluto
An Rande des Sonnensystems liegt Pluto, der einen Durchmesser von nur 4 000 km hat. Diese eisige Steinmasse kreist alle 248 Erdjahre einmal um die Sonne, von der sie im Durchschnitt 5 900 Millionen km entfernt ist.

Tage und Jahreszeiten

Die Erde dreht sich wie ein Kreisel um ihre eigene Achse. Für eine Umdrehung braucht sie 24 Stunden. Dadurch haben wir Tag und Nacht (rechts). Außerdem kreist sie im Verlauf eines Jahres einmal um die Sonne. Da die Erdachse jedoch im Winkel von 23,5 Grad geneigt ist, haben wir unterschiedliche Jahreszeiten, denn sechs Monate lang ist der obere (nördliche) Teil der Sonne zugeneigt, und deshalb sind diese Monate im Norden wärmer. In den anderen sechs Monaten ist der untere (südliche) Teil der Sonne zugeneigt, und dann ist es dort wärmer.

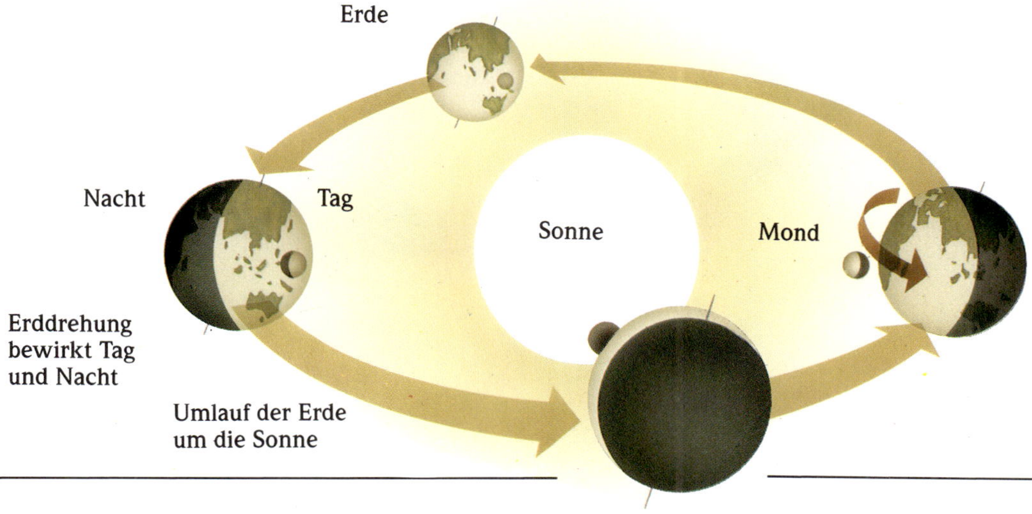

HINAB ZUM MITTELPUNKT DER ERDE

Durch Teleskope und Raumsonden haben wir vieles über das erfahren, was sich über unserem Planeten am Himmel befindet. Aber was liegt unter unseren Füßen? Woraus besteht unser Planet? Zwar wurden Löcher in die Erde gebohrt, aber selbst die tiefsten Bohrungen drangen nur 13 km weit in die Erde ein — rund ein Tausendstel der Strecke bis zum Mittelpunkt der Erde. Die Wissenschaftler können jedoch halbwegs sichere Vermutungen darüber anstellen, wie es tief im Erdinnern aussieht, indem sie seismische Wellen untersuchen — die Stoßwellen, die von Erdbeben und unterirdischen Explosionen ausgelöst werden. Seismische Wellen haben bestimmte Geschwindigkeiten und werden je nach dem Material, das sie durchwandern, unterschiedlich abgelenkt. Das Studium der seismischen Wellen hat ergeben, daß die Erde im wesentlichen aus vier Schichten besteht: der äußeren Kruste, dem darunterliegenden Mantel, dem äußeren und schließlich dem inneren Kern. Untersuchungen an Erd- und Mondgestein sowie Aufschlüsse, die wir über andere Planeten gewonnen haben, beweisen, daß das gesamte Sonnensystem gleichzeitig entstanden ist. Unsere Erde ist rund 4,5 Milliarden Jahre alt.

Wie kommt es, daß wir nicht in den Weltraum hinausgeschleudert werden, wenn die Erde wie ein Kreisel rotiert? Die Antwort auf diese Frage liefert eines der grundlegenden Gesetze der Physik, das besagt, daß jeder Gegenstand andere Gegenstände „anzieht“; diese Anziehung wird als Schwerkraft bezeichnet. Bei den meisten Gegenständen ist die Schwerkraft so gering, daß wir sie nicht spüren, aber die Erde besitzt eine ihrer gewaltigen Größe entsprechende Schwerkraft und zieht alle Gegenstände zu sich hin. Das Gesetz der Schwerkraft wurde im 17. Jahrhundert von Isaac Newton erkannt.

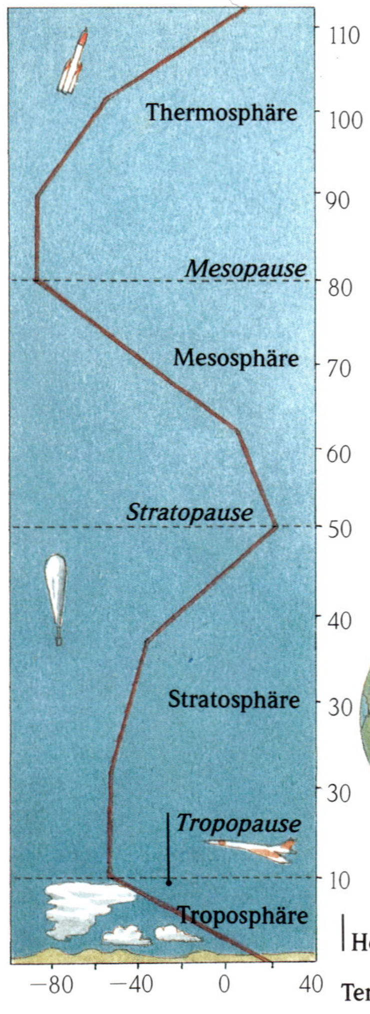

Die Atmosphäre

Die Erde ist von einer Hülle umgeben — der Luft, die wir atmen. Diese *Atmosphäre* wird von der Schwerkraft gehalten. Je höher man hinaufsteigt, desto geringer wird ihr Gehalt an Sauerstoff; in 150 km Höhe ist keiner mehr vorhanden. Die Besteiger sehr hoher Berge müssen Sauerstoff in Flaschen mitführen, um gut atmen zu können. Die Atmosphäre wird nach den jeweiligen Temperaturen in vier Hauptschichten unterteilt, deren Bezeichnungen auf „-sphäre“ enden. Wolken bilden sich in der untersten Schicht, in der auch die Flugzeuge fliegen.

Ein Querschnitt durch die Erde
Im Verhältnis zur ganzen Erde sind die Gesteine der Kruste, aus denen die Kontinente und die Meeresböden bestehen, dünner als die Schale um einen Apfel. Wenn die Erde, wie hier abgebildet, ein Modell mit 25 m Durchmesser wäre, hätte die Kruste eine Dicke von nur wenigen Zentimetern. Außerdem ist unser Planet keine vollkommene Kugel, sondern so abgeplattet, daß der Poldurchmesser 44 km kleiner ist als der Äquatordurchmesser.

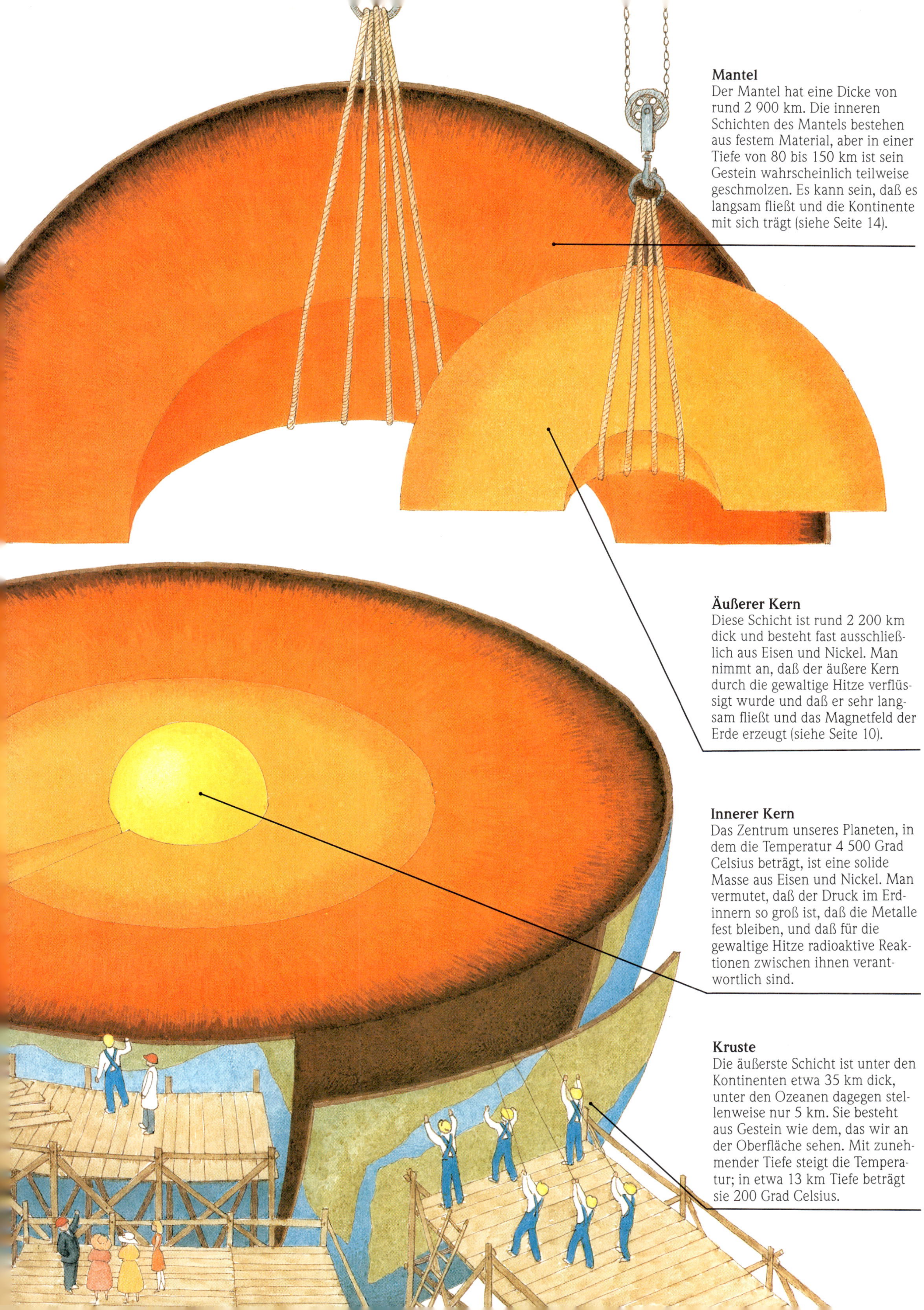

Mantel
Der Mantel hat eine Dicke von rund 2 900 km. Die inneren Schichten des Mantels bestehen aus festem Material, aber in einer Tiefe von 80 bis 150 km ist sein Gestein wahrscheinlich teilweise geschmolzen. Es kann sein, daß es langsam fließt und die Kontinente mit sich trägt (siehe Seite 14).

Äußerer Kern
Diese Schicht ist rund 2 200 km dick und besteht fast ausschließlich aus Eisen und Nickel. Man nimmt an, daß der äußere Kern durch die gewaltige Hitze verflüssigt wurde und daß er sehr langsam fließt und das Magnetfeld der Erde erzeugt (siehe Seite 10).

Innerer Kern
Das Zentrum unseres Planeten, in dem die Temperatur 4 500 Grad Celsius beträgt, ist eine solide Masse aus Eisen und Nickel. Man vermutet, daß der Druck im Erdinnern so groß ist, daß die Metalle fest bleiben, und daß für die gewaltige Hitze radioaktive Reaktionen zwischen ihnen verantwortlich sind.

Kruste
Die äußerste Schicht ist unter den Kontinenten etwa 35 km dick, unter den Ozeanen dagegen stellenweise nur 5 km. Sie besteht aus Gestein wie dem, das wir an der Oberfläche sehen. Mit zunehmender Tiefe steigt die Temperatur; in etwa 13 km Tiefe beträgt sie 200 Grad Celsius.

DIE RUHELOSE ERDE

Anders als die Schale eines Eies besteht das Äußere der Erde nicht aus einem einzigen, durchgängigen Stück, sondern ist in sieben riesige Teile mit unregelmäßigen Kanten zerbrochen, die als lithosphärische Platten bezeichnet werden. Diese Platten sind, der Kugelgestalt der Erde entsprechend, leicht gerundet. Daneben gibt es noch etwa ein Dutzend kleinerer Platten – wobei „klein“ hier bedeutet, daß sie Durchmesser von nur ein paar tausend Kilometern haben.

Jede Platte besteht aus einer dünnen Schicht Erdkruste und einem dickeren Teil des darunterliegenden Mantels (Seite 13). Diese sieben zweischichtigen Platten zusammen bilden eine die ganze Erde umziehende Schicht, die als Lithosphäre bezeichnet wird. In den Gesteinen unmittelbar unterhalb der Lithosphäre, in der sogenannten Asthenosphäre, sind die Temperatur und der Druck so gewaltig, daß sie teilweise geschmolzen sind. Deshalb können die Platten der Lithosphäre auf der Asthenosphäre „schwimmen“. Und genau das tun sie, da ungeheure Gewalten aus dem Erdinnern die Platten ständig ganz, ganz langsam verschieben, als wären sie Teile eines kugelförmigen Puzzles. Im Verlauf von Millionen von Jahren stoßen die Platten aneinander, und ihre Ränder gleiten über oder unter die anderer Platten. Dabei wird neuer Meeresboden gebildet, Gebirge werden aufgefaltet und Vulkanausbrüche und Erdbeben ausgelöst (siehe Seite 20–25).

Formende Kräfte

Wenn wir imstande wären, in der Nähe von Japan einen 200 km langen Schlitz in die Erde zu machen, würden wir ein Bild wie das unten gezeichnete zu sehen bekommen. Die von links heranrückende Pazifische Platte wird allmählich unter die Eurasische Platte geschoben. Dort, wo diese Platten aufeinandertreffen, liegt die vulkanische Inselkette Japans. Außerdem entsteht dort, wo sich die Pazifische Platte unter die Eurasische schiebt, ein Meeresgraben von 10 km Tiefe. Einige Platten wie die Pazifische tragen nur Meereskruste, andere dagegen nur kontinentale Kruste (siehe Seite 18), einige sowohl Meer als auch Land.

Schmelze im Mantel

Wenn sich die Kante einer ozeanischen Platte unter die einer kontinentalen Platte schiebt, kommt es in vielen Kilometern Tiefe zu Erdbeben. In der im Mantel immer höher werdenden Temperatur schmelzen die Gesteine, und es entsteht das Magma, das unter unvorstellbarem Druck steht und sich durch Löcher und Spalten seinen Weg nach oben erzwingt.

vor 135 Millionen Jahren

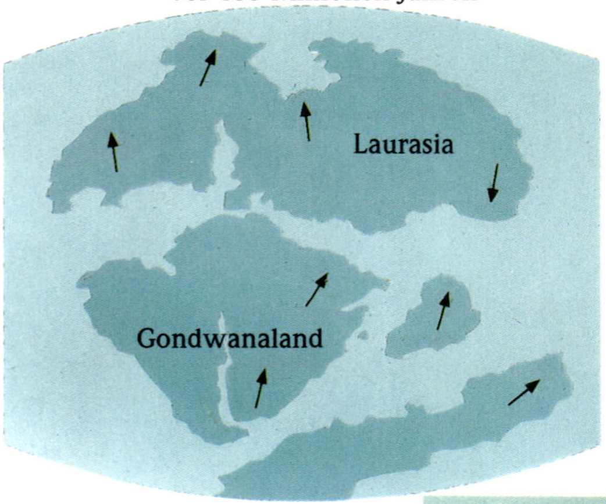

vor 65 Millionen Jahren

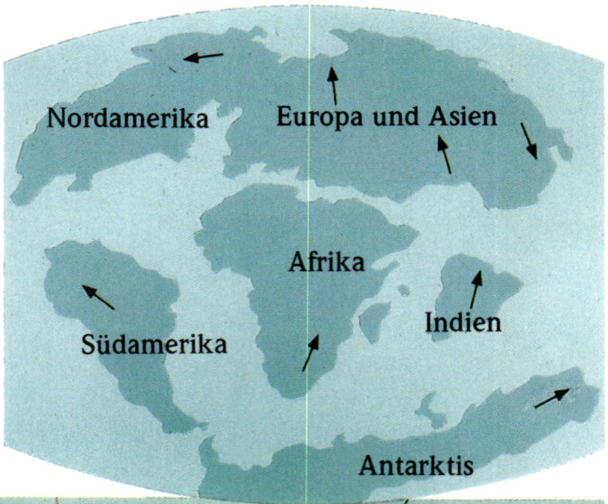

Wandernde Kontinente

Vor 200 Millionen Jahren gab es auf der Erde nur einen Riesenkontinent, der Pangaea genannt wird. Dieser Kontinent zerbrach im Laufe der Zeit in zwei Teile – in Laurasia, das nach Norden driftete, und Gondwanaland, das nach Süden wanderte. Auch sie zerbrachen allmählich, bis schließlich sieben Landmassen entstanden waren. Sie bildeten die Kontinente, die gleichfalls auseinanderdrifteten und sich noch heute pro Jahr ein paar Zentimeter weiter voneinander entfernen. Diese Kontinente geben der Weltkarte ihr heutiges Gesicht (siehe Seite 62 bis 63).

Die Erde heute mit den großen lithosphärischen Platten

Emporstoßen von Inseln
Magma, geschmolzenes Gestein aus den tieferen Schichten der Erdkruste, quillt durch Spalten an die Oberfläche und wird zu Lava, dem aus einem Vulkan herausgeschleuderten geschmolzenen Gestein. Im Lauf von Jahrmillionen entsteht eine Reihe von Vulkaninseln.

Untertauchen
Wenn sich die dünnere, ozeanische Pazifische Platte auf die dickere, kontinentale Eurasische Platte zubewegt, wird die Kruste in den Mantel gedrückt. Dieses Gebiet bezeichnet man als Subduktionszone. Auf dem Meeresboden gibt es einen tiefen Graben, in dem die Kante der ozeanischen Platte verschwindet.

Unter dem Ozean
Die ozeanische Kruste ist etwa 5 bis 10 km dick; in den tiefsten Meeren ist sie ungefähr ebenso hoch von Wasser bedeckt. Die Kruste verschiebt sich mit ihrer Platte pro Jahr um 1 bis 2 cm — eine Bewegung, die sich mit modernen wissenschaftlichen Instrumenten messen läßt.

Die Wurzeln der Berge
Tief unter Bergen gibt es riesige, mit erstarrtem Magma gefüllte Kammern, die Batholithen genannt werden. Die kleinsten von ihnen bedecken eine Fläche von 100 Quadratkilometern. Wenn im Laufe der Zeit die Berge über ihnen abgetragen werden, können die Batholithen zutage treten. Oft enthalten sie wertvolle Erze.

Kruste und Mantel
Jede lithosphärische Platte besteht aus einem starren Stück Erdkruste auf einem starren Stück des äußeren Mantels. In ozeanischen Gebieten sind die Platten 70 bis 80 km dick, in kontinentalen Gebieten 100 bis 150 km; ihre durchschnittliche Dicke liegt bei 100 km.

An den Plattenrändern

Auf Kollisionskurs
Wenn sich die kontinentalen Ränder zweier Platten aufeinander zu bewegen, sind beide zu dick, um in den Mantel gedrückt zu werden. Sie stoßen zusammen, brechen und falten sich auf. Auf diese Weise entstanden große Gebirgsketten wie der Himalaja (siehe Seite 16).

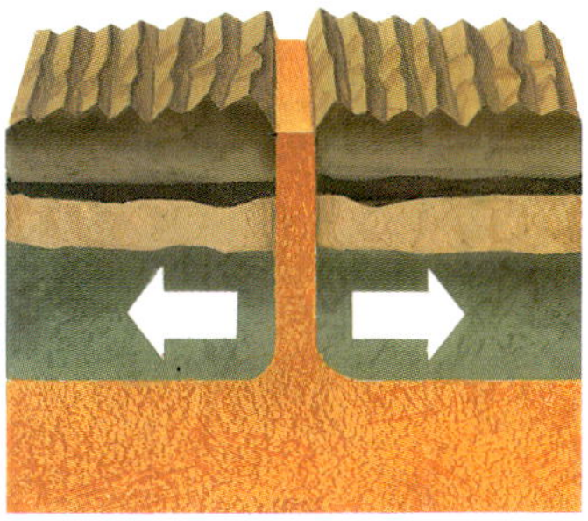

Auseinanderrücken
An den Stellen, an denen die ozeanischen Ränder zweier Platten zusammentreffen, werden sie oft durch Magma auseinandergeschoben, das aus dem Mantel emporquillt, sich abkühlt und zu Basalt verfestigt, der sich an die Ränder beider Platten anlagert. Dies geschieht unter dem Atlantischen Ozean (siehe Seite 18).

Vorbeigleiten
An anderen Stellen gleiten die Ränder zweier Platten aneinander vorbei. Dabei wird kein neues Gestein gebildet und keines zerstört, aber hin und wieder kommt es zu verheerenden Erdbeben (siehe Seite 20).

WIE BERGE ENTSTEHEN

Berge entstehen überall dort, wo die Ränder der lithosphärischen Platten zusammenstoßen. Und auf der ganzen Welt werden Berge durch Schnee, Regen, Wind und andere Naturgewalten abgetragen. Diesen Vorgang bezeichnet man als Erosion. Jüngere Gebirgsketten wie die Alpen haben in der Regel kantige Gipfel und tiefe Täler, während in den älteren Appalachen in Nordamerika die Erosion die Gipfel abgerundet hat.

Aber Berge entstehen nicht nur durch die Bewegungen der Platten. Auch durch Vulkanausbrüche (Seite 20) werden Berge aufgeworfen. Der höchste Berg der Welt, der Mauna Kea auf Hawaii, ist — vom Meeresboden bis zum Gipfel gemessen — 10 203 m hoch, aber nur 4 205 m davon befinden sich über dem Meeresspiegel. Andere Berge bilden sich, wenn hartes Gestein zutage liegt und das weichere Sedimentgestein (Seite 27) in seiner Umgebung abgetragen wurde.

Aufragende Berge

Diese Berge aus aller Welt haben sehr unterschiedliche Formen und Höhen und lassen erkennen, daß sie auf verschiedene Art entstanden sind. Der höchste Punkt auf der Erdoberfläche ist der Gipfel des Mount Everest im Himalaja, der sich 8 848 m über dem Meeresspiegel befindet.

Das höchste Gebirge der Erde

Der Himalaja entstand im Laufe der letzten 45 Millionen Jahre, als das auf der Australischen Platte liegende Indien mit der Eurasischen Platte zusammenstieß. Der Himalaja enthält die 20 höchsten Berge der Erde.

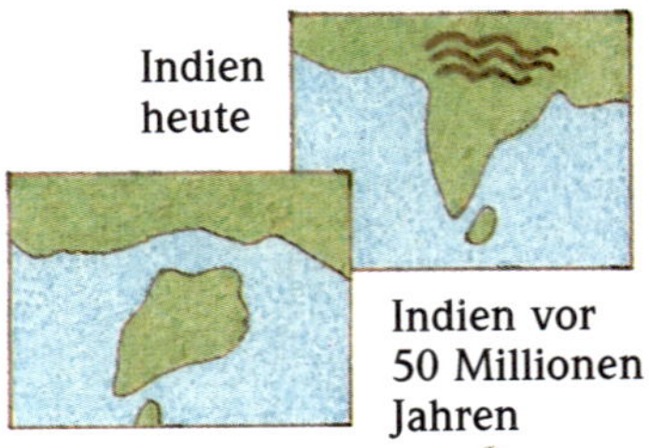

Jung und zerklüftet

Die Alpen sind nur ein paar Millionen Jahre alt. Sie bilden eine aufgefaltete Reihe aus zerklüfteten Bergen, die von der Erosion noch nicht abgeschliffen worden sind. Diese Gebirgskette ist 1 000 km lang; der höchste Berg ist der 4 807 m hohe Montblanc.

Eine Kuppel aus Stein

Vor ungefähr 300 Millionen Jahren bahnte sich ein riesiger Klumpen aus geschmolzenem Gestein aus 3000 m Tiefe seinen Weg an die Oberfläche. Die darüberliegenden Gesteinsschichten sind abgetragen worden, und der „Klumpen" ist der 251 m hohe Stone Mountain in Georgia, USA.

Falten und Blöcke

Zwei weitere Prozesse der Gebirgsbildung sind die Verwerfung von Blöcken und die Auffaltung. Beim ersten bilden sich große Risse (Verwerfungen) in der Erdkruste, und wenn die Platten beiderseits von ihnen aneinanderstoßen, wird ein riesiger Gesteinsblock hochgeschoben. Zu einer Auffaltung kommt es, wenn zwei Plattenränder zusammenstoßen und wie ein Stück Papier zerknittert werden.

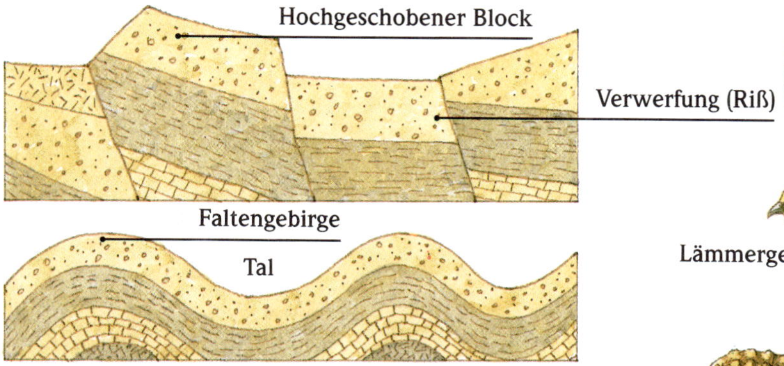

Mount Rundle

Dieser Berg in Neuseeland bildete sich, als an einer Verwerfung ein Gesteinsblock so weit hochgeschoben wurde, daß ein hoher Gipfel entstand.

Eine natürliche Grenze

Das Sagrosgebirge ist ein altes Faltengebirge an der Grenze zwischen Iran und Irak. Auf den dicken Kalksteinfalten am südlichen Ende gibt es Städte und bebaute Felder, während die Region im Norden unwirtlich und zerklüftet ist.

Leben auf dem Gipfel eines Berges

Je höher man beim Bergsteigen kommt, desto kälter wird es, die Windstärke nimmt zu, und die Lebensbedingungen werden härter. Bergpflanzen sind durchweg niedrig und haben kleine, flache, behaarte Blätter, die Wind und Eis widerstehen. Im Gebirge lebende Tiere besitzen ein dichtes Fell und sind oft dunkel gefärbt, damit sie auch schwaches Sonnenlicht absorbieren können. Viele Arten wandern im Winter von den unwirtlichen Gipfelregionen in die geschützteren Täler.

DER MEERESBODEN

Mehr als sieben Zehntel unseres Planeten sind von Meeren bedeckt. Das größte von ihnen ist der Pazifische Ozean; er ist 180 Millionen Quadratkilometer groß und nimmt damit rund ein Drittel der Erdoberfläche ein. Die Oberfläche der Meere ist eben und wird nur von Wellen aufgewühlt, aber der Meeresboden ist eine faszinierende Landschaft aus flachen Ebenen, kleineren Erhebungen und großen, zerklüfteten Gebirgen. Viele Berggipfel ragen als Inseln aus dem Meer heraus; allein im Pazifik gibt es mehr als 25 000 von ihnen.

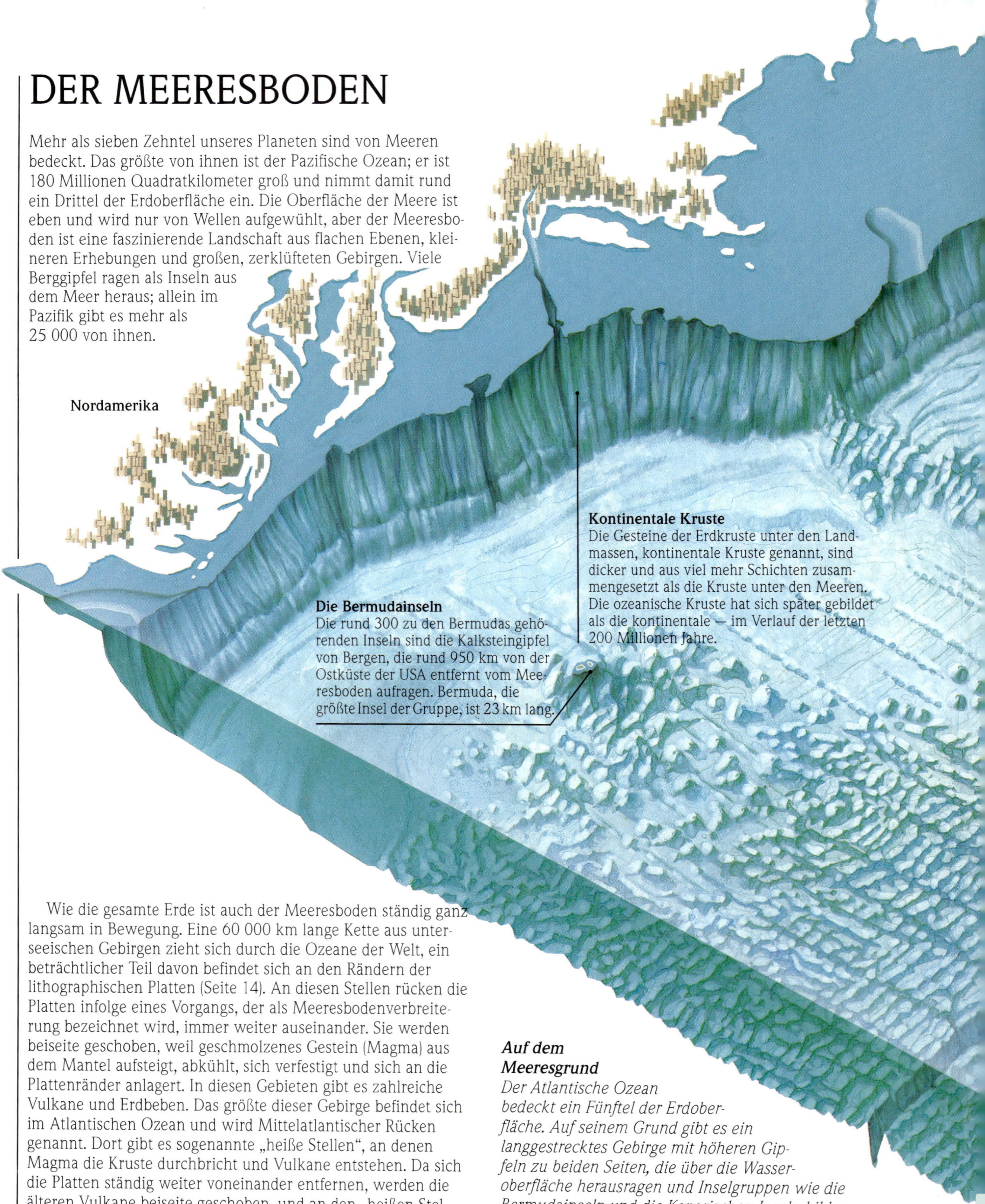

Kontinentale Kruste
Die Gesteine der Erdkruste unter den Landmassen, kontinentale Kruste genannt, sind dicker und aus viel mehr Schichten zusammengesetzt als die Kruste unter den Meeren. Die ozeanische Kruste hat sich später gebildet als die kontinentale – im Verlauf der letzten 200 Millionen Jahre.

Die Bermudainseln
Die rund 300 zu den Bermudas gehörenden Inseln sind die Kalksteingipfel von Bergen, die rund 950 km von der Ostküste der USA entfernt vom Meeresboden aufragen. Bermuda, die größte Insel der Gruppe, ist 23 km lang.

Wie die gesamte Erde ist auch der Meeresboden ständig ganz langsam in Bewegung. Eine 60 000 km lange Kette aus unterseeischen Gebirgen zieht sich durch die Ozeane der Welt, ein beträchtlicher Teil davon befindet sich an den Rändern der lithographischen Platten (Seite 14). An diesen Stellen rücken die Platten infolge eines Vorgangs, der als Meeresbodenverbreiterung bezeichnet wird, immer weiter auseinander. Sie werden beiseite geschoben, weil geschmolzenes Gestein (Magma) aus dem Mantel aufsteigt, abkühlt, sich verfestigt und sich an die Plattenränder anlagert. In diesen Gebieten gibt es zahlreiche Vulkane und Erdbeben. Das größte dieser Gebirge befindet sich im Atlantischen Ozean und wird Mittelatlantischer Rücken genannt. Dort gibt es sogenannte „heiße Stellen", an denen Magma die Kruste durchbricht und Vulkane entstehen. Da sich die Platten ständig weiter voneinander entfernen, werden die älteren Vulkane beiseite geschoben, und an den „heißen Stellen" bilden sich neue; auf diese Weise entsteht eine ganze Kette von Vulkanen. Das geschieht im Verlauf eines sehr langen Zeitraums. Der hier abgebildete Atlantik ist ein relativ „junger" Ozean – er begann sich vor 100 Millionen Jahren zu bilden.

Auf dem Meeresgrund
Der Atlantische Ozean bedeckt ein Fünftel der Erdoberfläche. Auf seinem Grund gibt es ein langgestrecktes Gebirge mit höheren Gipfeln zu beiden Seiten, die über die Wasseroberfläche herausragen und Inselgruppen wie die Bermudainseln und die Kanarischen Inseln bilden. Außerdem gibt es tiefe Gräben; der tiefste ist der Puerto-Rico-Graben in der Nähe des Karibischen Meers. (Die Gebirge wurden hier höher gezeichnet, damit sie deutlich zu erkennen sind.)

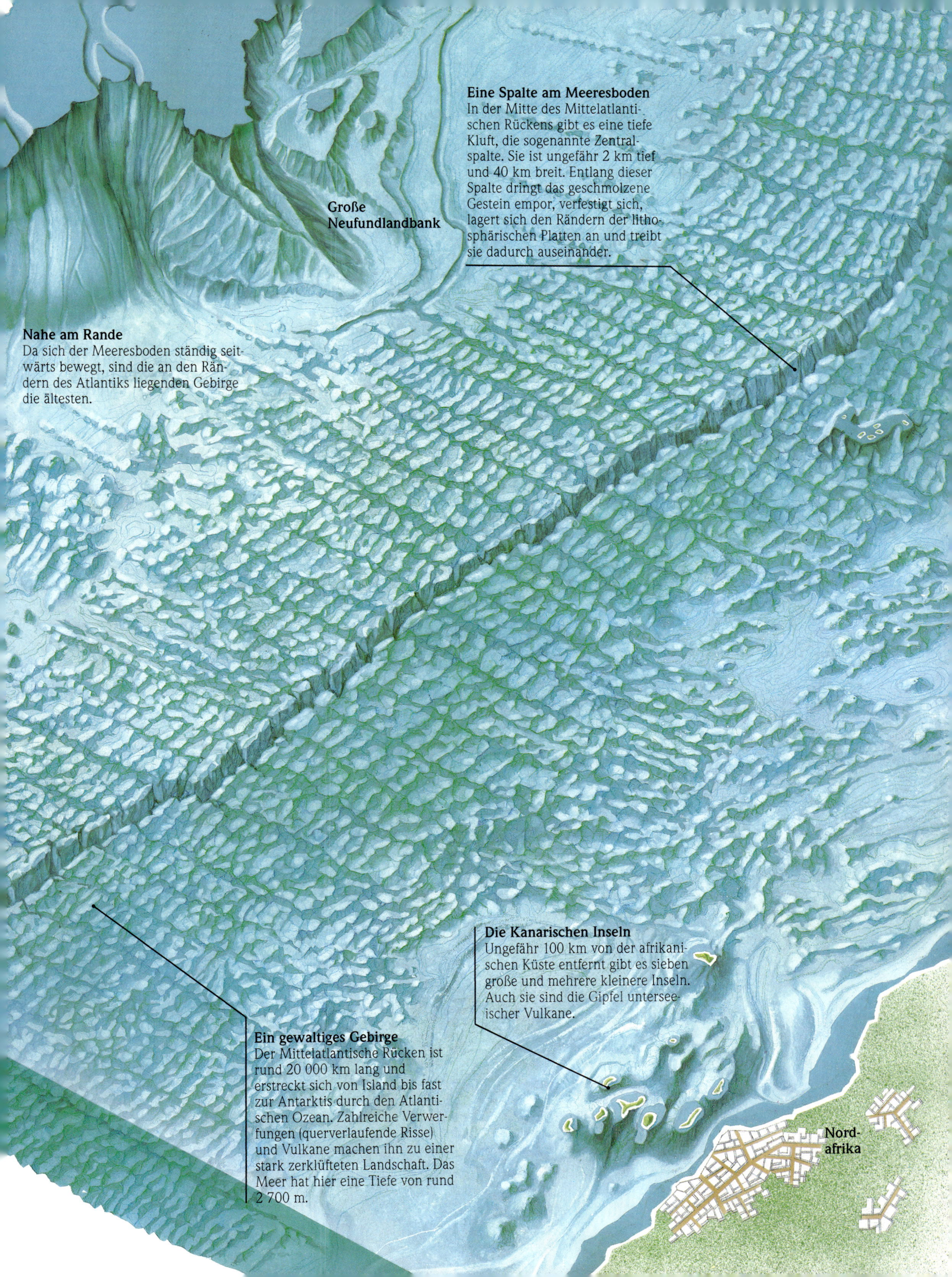

Eine Spalte am Meeresboden
In der Mitte des Mittelatlantischen Rückens gibt es eine tiefe Kluft, die sogenannte Zentralspalte. Sie ist ungefähr 2 km tief und 40 km breit. Entlang dieser Spalte dringt das geschmolzene Gestein empor, verfestigt sich, lagert sich den Rändern der lithosphärischen Platten an und treibt sie dadurch auseinander.

Nahe am Rande
Da sich der Meeresboden ständig seitwärts bewegt, sind die an den Rändern des Atlantiks liegenden Gebirge die ältesten.

Die Kanarischen Inseln
Ungefähr 100 km von der afrikanischen Küste entfernt gibt es sieben große und mehrere kleinere Inseln. Auch sie sind die Gipfel unterseeischer Vulkane.

Ein gewaltiges Gebirge
Der Mittelatlantische Rücken ist rund 20 000 km lang und erstreckt sich von Island bis fast zur Antarktis durch den Atlantischen Ozean. Zahlreiche Verwerfungen (querverlaufende Risse) und Vulkane machen ihn zu einer stark zerklüfteten Landschaft. Das Meer hat hier eine Tiefe von rund 2 700 m.

ERDBEBEN

Wie oft im Jahr bebt irgendwo auf der Welt die Erde? Vielleicht zehnmal? Vielleicht fünfzigmal? Nein, möglicherweise gibt es jedes Jahr mehr als 100 000 Erdbeben, von denen sich ungefähr 6 000 mit wissenschaftlichen Instrumenten nachweisen lassen. Natürlich sind die meisten Beben zu schwach, um irgendwelche Schäden anzurichten, oder sie finden in abgelegenen Gegenden oder tief unten auf den Meeresböden statt. Aber rund 1 000 verursachen irgendwelche Schäden, und alljährlich sind 15 bis 20 von ihnen heftig genug, um die Erde aufzureißen, Bäume zu entwurzeln und Häuser einstürzen zu lassen.

Ein Erdbeben ist eines der auffälligsten Anzeichen dafür, wie ruhelos unsere Erde ist. Die meisten Erdbeben gibt es an den Rändern der riesigen lithosphärischen Platten (Seite 14). Zwei der ständig in Bewegung befindlichen Platten wollen sich aneinander vorbeischieben, aber ihre zerklüfteten Ränder verhaken sich ineinander, und dann kommt der Augenblick, in dem der Druck zu stark wird. Das Gestein rutscht ab, die Erde bebt und reißt auf, manchmal unter ohrenbetäubendem Lärm. Die meisten Erdbeben dauern Sekunden oder Minuten. Aber die Erschütterungen, die sie auslösen, wandern durch das Gestein — ungefähr so wie die Ringe, die sich bilden, wenn man einen Stein in einen Teich wirft. Diese seismischen Wellen laufen durch die Erde und um sie herum. Die Untersuchung dieser Wellen hat uns viel darüber verraten, wie es im Erdinnern aussieht (Seite 12).

Erdbebenschäden

Jedes Jahr kommt es vor, daß Erdbeben Häuser einstürzen lassen und die Erde aufreißen. Es können Löcher und Spalten von mehreren Metern Breite entstehen, in denen Autos und Gebäude verschwinden. Diese Öffnungen werden jedoch rasch durch Gesteinstrümmer verschlossen und sind selten mehr als ein paar Meter tief.

Die falsche Straßenseite
Auf einer Straßenseite gab es kaum mehr als ein leichtes Zittern, da unter ihr ein fester Gesteinsblock liegt. Auf der anderen Seite dagegen, wo die Erde abglitt und in Bewegung geriet, wurden Wohnhäuser und Läden so erschüttert und auseinandergerissen, als hätten sie aus Bauklötzen bestanden.

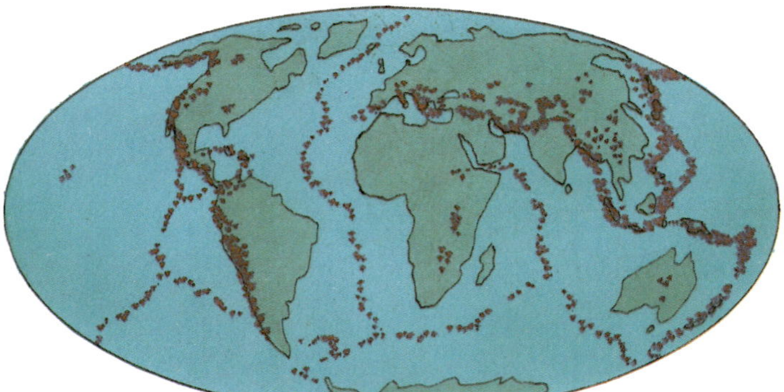

Erdbebenzonen
Die Gebiete, in denen sich die meisten Erdbeben ereignen, liegen zum größten Teil an den Rändern der lithosphärischen Platten der Erde (Seite 14). Bei vielen Beben liegt die Stelle mit der stärksten Erdbewegung, der Herd, tief unter der Erdoberfläche. Unmittelbar über dem Herd sind die Schäden an der Oberfläche am größten.

Die Richterskala
1935 stellte der amerikanische Erdbebenforscher Charles F. Richter eine Skala auf, anhand der die von einem Erdbeben ausgehenden Erschütterungen gemessen werden können. Beben ab Stärke 4 richten meist Schaden an.

Stärke 1—2 Schilder schaukeln, Erschütterung

Stärke 2—3 Deutlich spürbare Erschütterung

Leben an einer Verwerfung
Die San-Andreas-Verwerfung in Kalifornien ist eine Folge der ständigen Reibung der Pazifischen an der Nordamerikanischen Platte. Das große Erdbeben von San Francisco im Jahre 1906 ereignete sich an dieser Verwerfung. Dort kommt es auch zu kleineren Beben; diese Baumreihe wurde ein Stück von der Plantage weggeschoben.

Stärke 4
Scheiben zerbrechen, Mauerrisse

Stärke 5
Schornsteine stürzen ein

Stärke 6
Die Erde reißt auf

Stärke 7—8
Erhebliche Schäden, Gleise verbiegen

Dauerhaft gebaut

Menschen, die in Gegenden leben, in denen es häufig zu Erdbeben kommt, haben gelernt, besondere Vorsichtsmaßnahmen zu ergreifen. So werden hohe Gebäude zum Beispiel in Form von Kegeln oder Pyramiden errichtet. Da diese Bauformen eine breite Basis haben, sind sie relativ widerstandsfähig und stürzen bei einem Erdbeben weniger leicht ein.

Das TransAmerica-Gebäude in San Francisco hat eine stabile, nach oben zu schmaler werdende Form.

Eine japanische Pagode, in einem seit vielen Jahrhunderten gebräuchlichen Stil errichtet, aber mit einer kräftigen Mittelstütze.

Ein großes Auf und Ab

Bei einem Erdbeben kann es vorkommen, daß die Erde nicht nur erschüttert wird, sondern auch aufreißt und so in Bewegung gerät, daß die eine Seite gesenkt und die andere angehoben wird. Durch mehrere derartige Risse kann binnen weniger Sekunden eine völlig veränderte Landschaft entstehen. Nach dem großen Erdbeben, das sich 1964 in Alaska ereignete, hatte sich ein Teil des Landes am Prince William Sound um 7 m gesenkt, während Teile des Meeresbodens um mehr als 8 m angehoben wurden. Dieses Erdbeben hatte eine Stärke von 8,5 auf der Richterskala.

„Achtung, Erdbebenwarnung!"

Die Vorhersage von Erdbeben ist sehr schwierig, selbst mit den modernen Seismometern, die schon die leichtesten Erschütterungen registrieren. Schon früh versuchten die Menschen, mit Hilfe von Geräten Erdbeben aufzuzeichnen und vorherzusagen. Das italienische Seismometer (unten links) wurde 1751 erfunden; bei einem Beben ritzte das Pendel Spuren in den Sand. Bei einem chinesischen Instrument (unten rechts), das 132 erfunden wurde, bewirkte ein Erdbeben, daß einer der Drachen das Maul öffnete und einen Ton von sich gab.

Italienisches Seismometer

Chinesisches Dracheninstrument

DIE EXPLODIERENDE LANDSCHAFT

Es gibt kaum einen Anblick, der beeindruckender ist als ein tätiger Vulkan: die Erde bricht auf, und geschmolzenes, rotglühendes Gestein und Asche werden herausgeschleudert. Wie kommt es dazu? Tief unter der Erdoberfläche befindet sich Magma — Gestein, das so hohen Temperaturen und so starkem Druck ausgesetzt ist, daß es flüssig wurde. In manchen Weltgegenden ist das feste Gestein der Erdkruste schwach und dünn. Wenn man eine Coladose schüttelt, staut sich in ihr Druck auf, und wenn man dann den Verschluß aufreißt, spritzt die Cola heraus. Ein Vulkan läßt sich in gewisser Weise damit vergleichen. Mit unvorstellbarer Gewalt, die der Kraft von Tausenden von Tonnen Sprengstoff entspricht, durchbricht die Magma das schwache Gestein an der Oberfläche. Dieses Hervorbrechen wird als Eruption bezeichnet und die explosionsartig herausgeschleuderte Masse als Lava. An der Luft kühlt die Lava rasch ab, erstarrt allmählich und verwandelt sich im Laufe der Zeit in festes Eruptivgestein (Seite 26).

Bei einigen Vulkanen fließt die Lava aus einer Öffnung, dem sogenannten Schlot, heraus und lagert sich, wenn sie erstarrt, in Schichten ab. Bei anderen Vulkanen ist der Schlot durch erstarrte Lava verstopft, und darunter staut sich ein Druck von vielen Tonnen pro Quadratzentimeter auf. Schließlich wird der „Korken" aus erstarrter Lava herausgesprengt und geschmolzenes Gestein in die Luft geschleudert.

Wenn ein Vulkan immer wieder ausbricht, wird er als aktiver oder tätiger Vulkan bezeichnet. Wenn seit langem kein Ausbruch stattgefunden hat und keine Anzeichen für Vulkantätigkeit zu erkennen sind, spricht man von einem ruhenden Vulkan. Ein sehr alter Vulkan, bei dem man sicher ist, daß er nie wieder ausbricht, wird als erloschener Vulkan bezeichnet.

Berge aus geschmolzenem Gestein

Je nach den in ihr enthaltenen Mineralen und der bei ihrer Entstehung herrschenden Druck- und Temperaturverhältnisse kann Lava dick und zähflüssig sein wie Teer oder dünn und leichtflüssig wie Motorenöl. Oft enthält sie Gasblasen. Welche Form ein Vulkan hat, hängt von der Beschaffenheit der Lava ab, von der Gewalt, mit der sie herausgeschleudert wurde, und von der in ihr enthaltenen Gasmenge. Nicht alle Vulkane sind hohe, kegelförmige Berge, sondern können, wie unsere Abbildung zeigt, sehr unterschiedliche Größen und Formen haben. Bei den meisten bildet sich im Verlauf von Hunderten oder Tausenden von Jahren um den Schlot herum ein Berg.

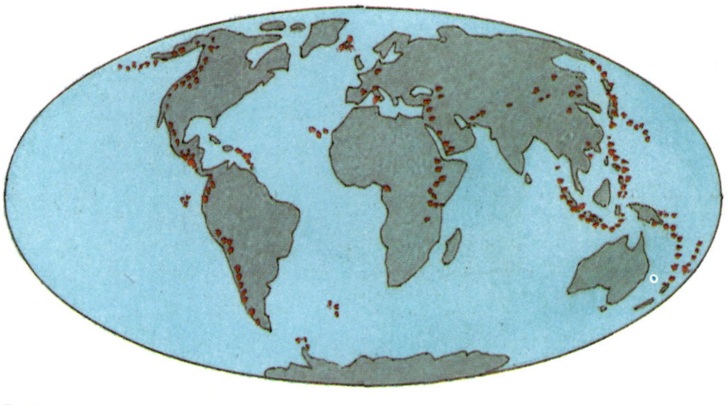

Vulkanzonen
An Land gibt es ungefähr 500 aktive Vulkane, und viele weitere auf dem Meeresgrund (Seite 24). Die meisten liegen an den Rändern der großen lithosphärischen Platten der Erde.

Le Puy

Von Vulkanen geprägte Landschaft
Gegenden, in denen es früher einmal tätige Vulkane gab, können sehr merkwürdig aussehen. Ship Rock Towers in New Mexico (USA) ist ein 425 m hoher „Korken" aus erstarrter Lava. Die Kapelle von Le Puy in Frankreich steht auf einem erloschenen Vulkankegel. Der sogenannte Giant's Causeway (Damm des Riesen) an der Küste Nordirlands ist eine Masse aus sechseckigen Basaltsäulen, die sich bildeten, als die Lava sehr rasch abkühlte.

Ship Rock Towers

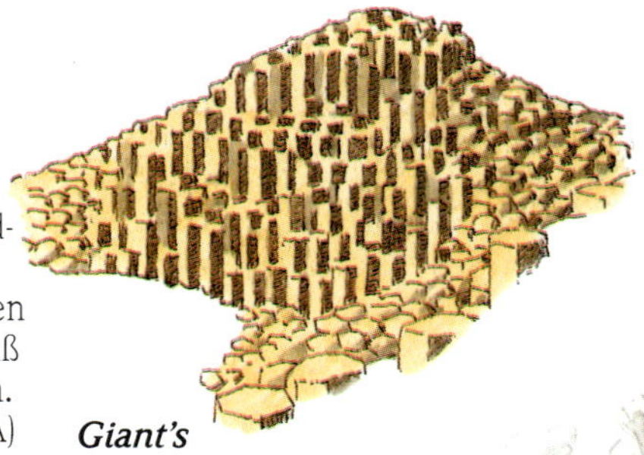

Giant's Causeway

Seitliche Ausbreitung
Bei einem Flutbasalt- oder Schildvulkan ist die Lava dünnflüssig. Sie steigt durch Risse oder Spalten auf und fließt seitwärts ab, so daß sanft abfallende Hügel entstehen. In Washington und Oregon (USA) sind auf diese Weise bis zu 150 km breite Basaltschichten entstanden.

Lavaschichten
So stellt man sich gewöhnlich einen Vulkan vor – ein kegelförmiger Berg mit steilen Flanken. Zähflüssige Lava quillt fast ständig heraus, und von Zeit zu Zeit kommt es zu einer Eruption von Gas, Schlacke und Lava.

Berge aus Asche und Schlacke
Aschestromvulkane sind durchweg klein und enthalten wenig Lava. Da ihre Flanken nicht mit harter, der Erosion widerstehender Lava bedeckt sind, verwittern sie schnell.

Gestein aus Lava
Aus abgekühlter und erstarrter Lava können sich Dutzende von verschiedenen Gesteinsarten bilden. Die Abbildung zeigt drei von ihnen: Bimsstein ist aus leichter, schaumiger Lava entstanden, Obsidian ist ein glänzendes, schwarzes Naturglas, und Andesit ist ein feinkörniges Gestein, das in den südamerikanischen Anden vorkommt.

Ein riesiger Kessel
Im Krater eines Ergußvulkans wallt und brodelt geschmolzene Lava und entläßt Wolken von Gas und Wasserdampf in die Luft. Von Zeit zu Zeit fließt Lava über den Kraterrand hinweg und ergießt sich über die Flanken des Berges.

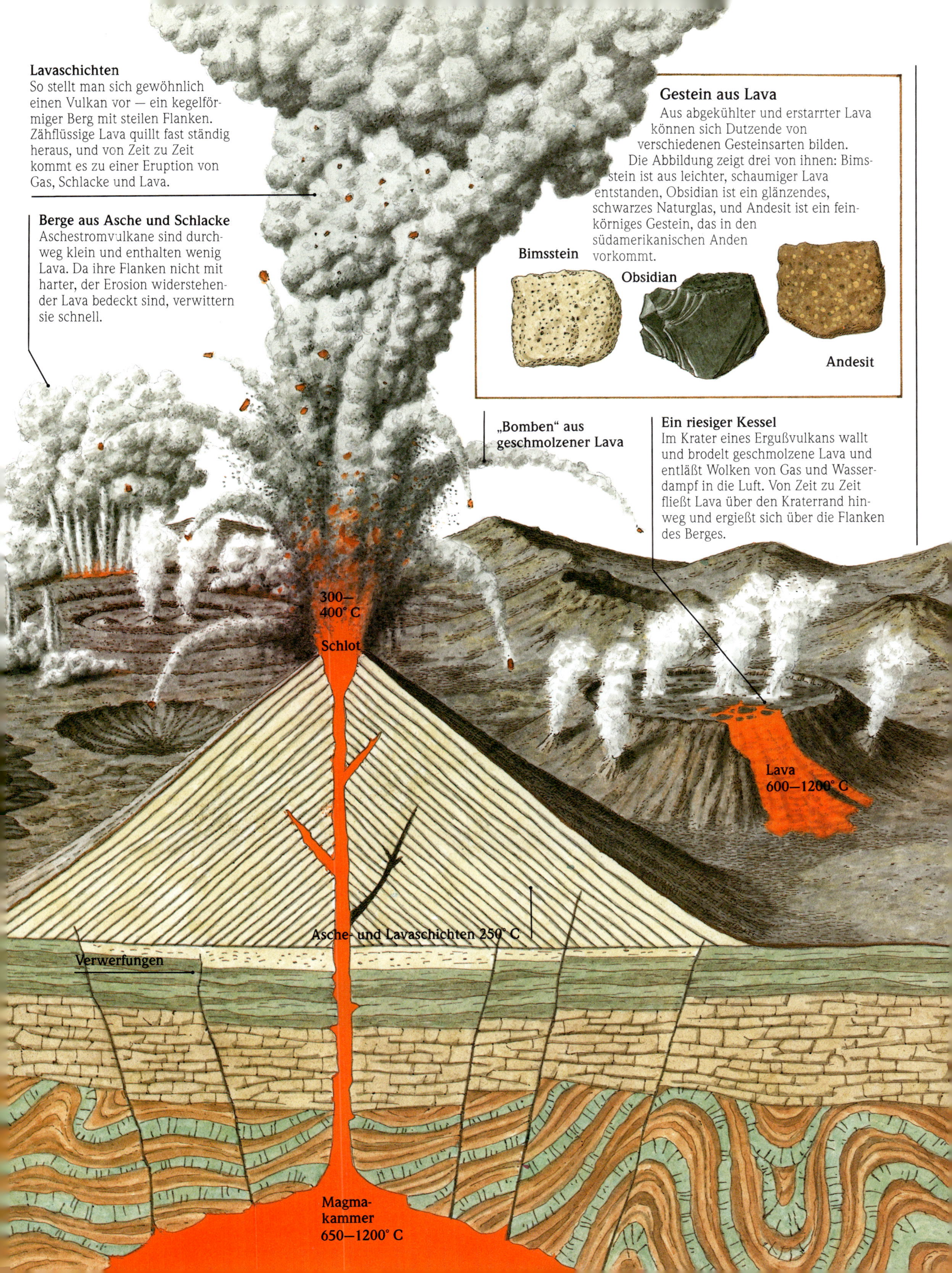

Tod eines Berges

Der Mount St. Helens im amerikanischen Bundesstaat Washington hatte 123 Jahre lang geruht. Im Mai 1980 kam es zu einer Eruption, bei der eine Seite des Berges abgesprengt und seine Höhe um 400 m verringert wurde.

18. Mai 1980

19. Mai 1980

Die heftigsten Eruptionen

Ausbrüche von Vulkanen wie dem Mount St. Helens oder dem Vesuv, der im Jahre 79 Pompeji zerstörte, sind klein, wenn man sie mit den ungeheuren Explosionen des Tambora und des Krakatau (Seite 6) vergleicht.

Eine Insel wird geboren

Viele Inseln, zum Beispiel die Hawaii-Inseln, sind die Gipfel unterseeischer Vulkane (Seite 18). 1963 tauchte 10 km südwestlich von Island eine neue Vulkaninsel aus dem Meer auf. Sie wurde nach dem Feuergott der nordischen Mythologie Surtsey genannt. Schon einen Monat später betraten Wissenschaftler die Insel und untersuchten die noch dampfende Lava. Nach drei Jahren hörte die vulkanische Tätigkeit auf. Heute ist Surtsey rund 125 m hoch, und auf der Insel gibt es Pflanzen und Tiere.

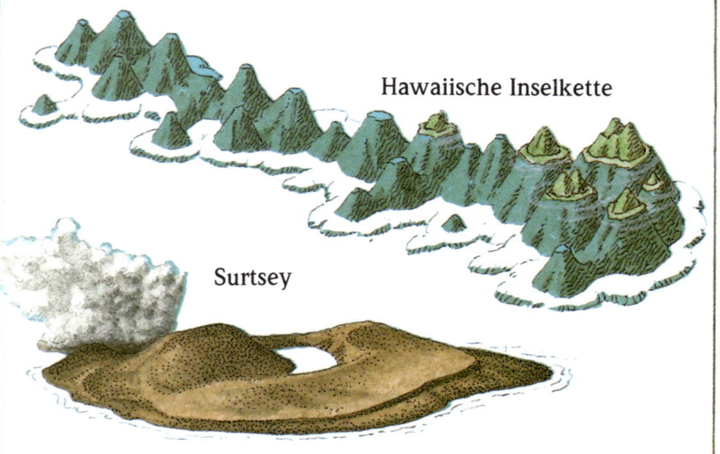

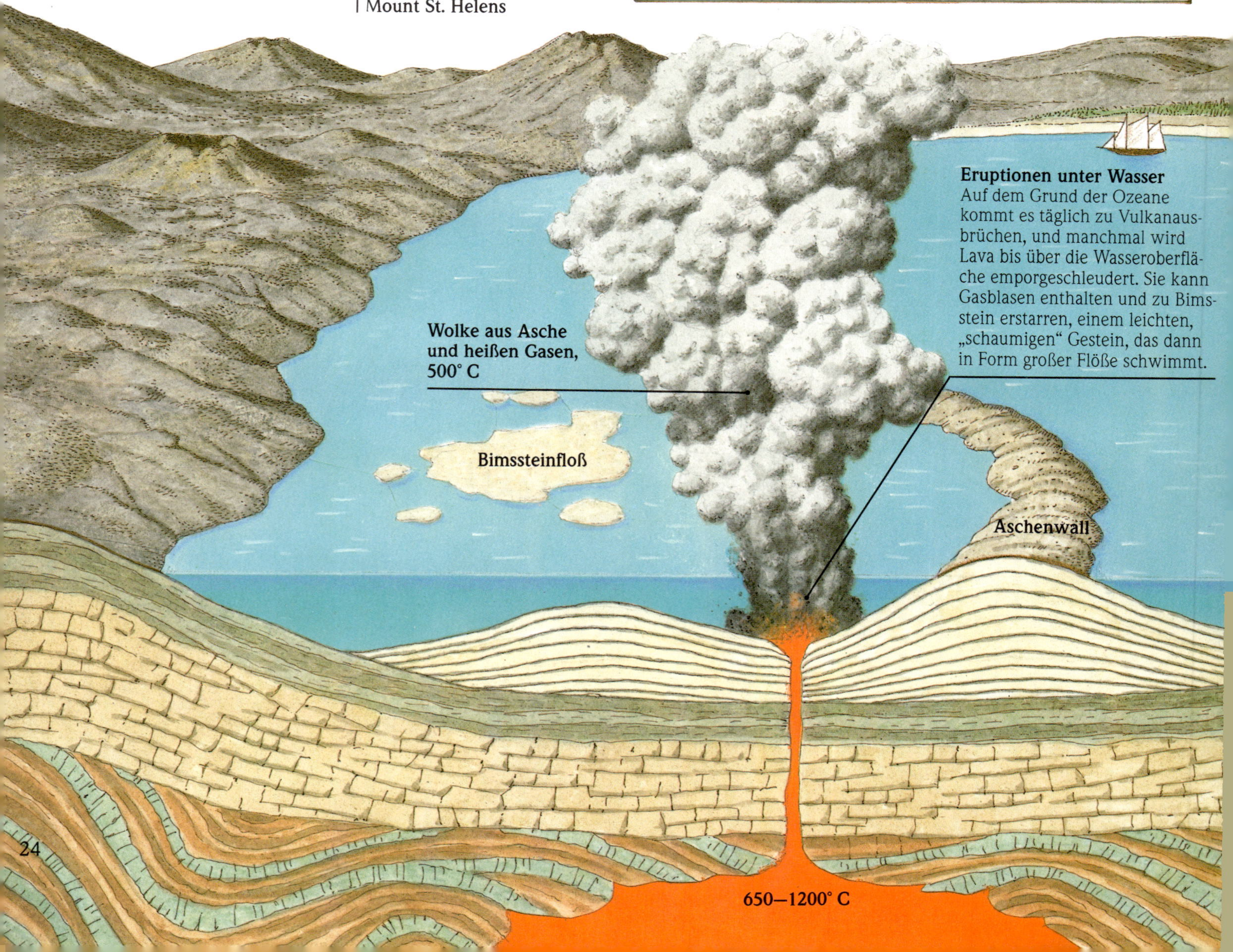

Eruptionen unter Wasser
Auf dem Grund der Ozeane kommt es täglich zu Vulkanausbrüchen, und manchmal wird Lava bis über die Wasseroberfläche emporgeschleudert. Sie kann Gasblasen enthalten und zu Bimsstein erstarren, einem leichten, „schaumigen“ Gestein, das dann in Form großer Flöße schwimmt.

Brodelnde Schlammtöpfe

In manchen Weltgegenden, darunter Neuseeland, Island und Japan, vermischt sich das Wasser aus heißen Quellen mit Erde und Mineralen, und es bildet sich warmer, brodelnder Schlamm.

Geysire und Fumarolen

Geysir ist ein isländisches Wort und bedeutet „Hervorsprudeler", und genau das tut ein Geysir — er läßt Wasser und Wasserdampf hoch in die Luft sprudeln. Einer der berühmtesten Geysire der Welt ist der „Old Faithful" im Yellowstone Nationalpark in den USA. Seit mehr als einem Jahrhundert bricht er alle 30 bis 90 Minuten aus und jagt jeweils bis zu 5 Minuten lang heißes Wasser 50 m hoch in die Luft.

Die meisten Geysire befinden sich in Gegenden, in denen es in früheren Jahrmillionen aktive Vulkane gegeben hat. Die Gesteine unter der Erdoberfläche sind immer noch sehr heiß und erhitzen Regenwasser, das in die unterirdische Kammer des Geysirs einsickert. Gewöhnlich sprudeln Geysire ein paar Minuten lang und ruhen danach so lange, bis sich wieder genügend Wasser angesammelt hat und erhitzt worden ist. Bei einer Fumarole entweicht kein Wasser, sondern nur ein Dampfstrahl.

Sprudelnde Geysire

In einem Geysir wird Wasser in einer unterirdischen Kammer durch dicht unter der Erdoberfläche befindliches geschmolzenes Gestein (Magma) bis über den Siedepunkt hinaus erhitzt. Dabei entsteht ein immer stärkerer Druck, und schließlich werden Wasser und Wasserdampf durch eine Öffnung herausgepreßt und schießen in Form einer Fontäne hoch in die Luft. Dann stirbt der Geysir wieder ab, und der ganze Vorgang beginnt von neuem.

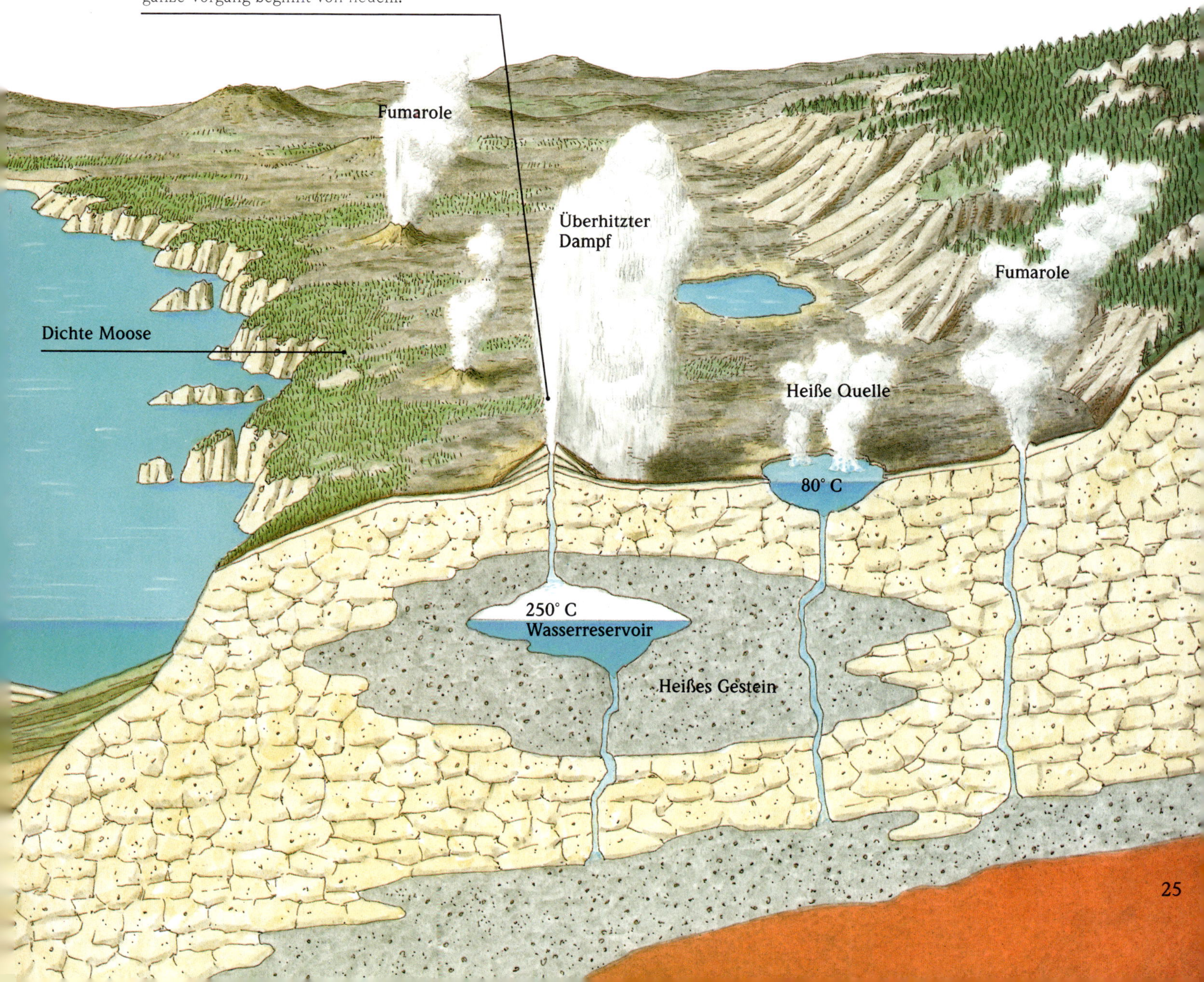

DIE GESTEINE DER ERDE

Unsere Erde besteht aus Schichten von Gesteinen, die sich im Laufe von vielen Jahrtausenden gebildet haben. Wenn man tief genug unter die Erdoberfläche vordringt, stößt man auf harte Substanzen, die aus Mineralen bestehen (siehe unten). Sie sind es, die jedem Gestein seinen eigenen Charakter verleihen und über Farbe, Struktur, Härte und dergleichen bestimmen. Es gibt im wesentlichen drei Gesteinstypen: Eruptivgesteine, die auch Erstarrungs- oder magmatische Gesteine genannt werden, sind Gesteine, die unter den hohen Temperaturen und dem starken Druck im Erdinnern zuerst geschmolzen wurden und später abkühlten und erstarrten. Sedimentgesteine bestehen aus Ablagerungen (Sedimenten) von Sand, Schlamm oder den Überresten von Lebewesen, die später zusammengepreßt wurden. Metamorphe (umgewandelte) Gesteine bildeten sich, wenn Veränderungen des Druckes oder der Temperatur oder chemische Substanzen eine der beiden anderen Gesteinstypen umformten.

Gewöhnliche und bunte Steine

Steine sehen durchaus nicht alle gleich aus. Manche sind erstaunlich bunt, andere enthalten herrliche Minerale (siehe Seite 56), die sehr kostbar sind. Rechts sind einige der in der Erdkruste am häufigsten vorkommenden Eruptiv-, Sediment- und metamorphen Gesteine abgebildet sowie einige weitere, die besonders bunt oder nützlich sind.

Steine bestehen aus Mineralen

Als Mineral bezeichnet man eine natürliche, leblose Substanz von einer bestimmten chemischen Zusammensetzung und entsprechenden Eigenschaften. Wie ein Gestein aussieht, richtet sich danach, aus welchen Mineralen es besteht. Granit, ein hartes Eruptivgestein, besteht zum Beispiel überwiegend aus drei Mineralen; die beiden wichtigsten sind Quarz (Kristalle aus Silizium und Sauerstoff) und Feldspat (Silizium, Aluminium und Sauerstoff).

Quarz

Feldspat

Glimmer

Metamorphe Gesteine

Schiefer (rechts)
Dieses dunkle, schwere Gestein läßt sich wie viele andere metamorphe Gesteine leicht in dünne, stabile Tafeln aufspalten. Schiefer wird in Steinbrüchen gewonnen und zum Decken von Dächern und zum Verkleiden von Mauern benutzt. Früher bestanden auch Schultafeln aus Schiefer.

Hornfels (links)
Der harte, dichte, häufig dunkelgrüne Hornfels bildete sich, wenn bestimmte Arten von Sedimentgesteinen unter starkem Druck auf 500 Grad Celsius erhitzt wurden, schmolzen und dann in Form winziger Kristalle erstarrten.

Gneis (rechts)
Ein weit verbreitetes Gestein, meistens ein Gemenge aus Quarz, Feldspat und Glimmer. Seine Farbe richtet sich danach, in welchem Verhältnis die Bestandteile zueinander stehen.

Glimmerschiefer (links)
Dieses Gestein läßt sich in sehr dünne Plättchen aufspalten, die gegenüber elektrischem Strom sehr widerstandsfähig sind und sich bei Erhitzung kaum ausdehnen. Deshalb werden sie vielfach als Isolierung gegen Strom und Wärme verwendet. Die glasartige Oberfläche der Plättchen läßt das Gestein, in dem sie enthalten sind, funkeln.

Eruptivgestein

Pegmatit (links)
Eine grobkörnige Abart des Granit, die häufig sehr große, manchmal meterlange Quarz-, Feldspat- und Glimmerkristalle enthält. Gelegentlich finden sich in Pegmatit auch Edelsteine wie Topase (siehe Seite 57).

Quarzporphyr (rechts)
Als Porphyre bezeichnet man Gesteine, bei denen große Kristalle in eine Mischung aus sehr kleinen eingebettet sind. Quarzporphyr enthält unter anderem Quarzkristalle (siehe Seite 56).

Sedimentgesteine

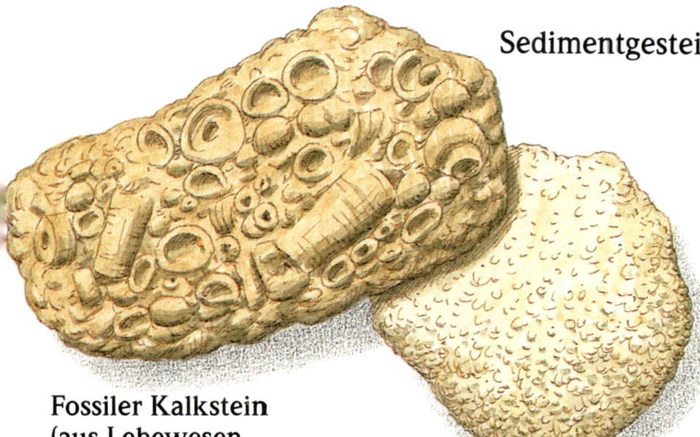

Fossiler Kalkstein (aus Lebewesen entstanden)

Kalkstein-Oolith (aus lebloser Materie entstanden)

Kalkstein (oben)
Kalkstein gibt es in sehr vielen verschiedenen Formen, aber alle enthalten Kalziumkarbonat. In fossilem Kalkstein sind die Überreste von Lebewesen eingebettet.

Kreide (oben)
Kreide ist weicher Kalkstein, der überwiegend aus den Überresten winziger Meerestiere und -pflanzen besteht.

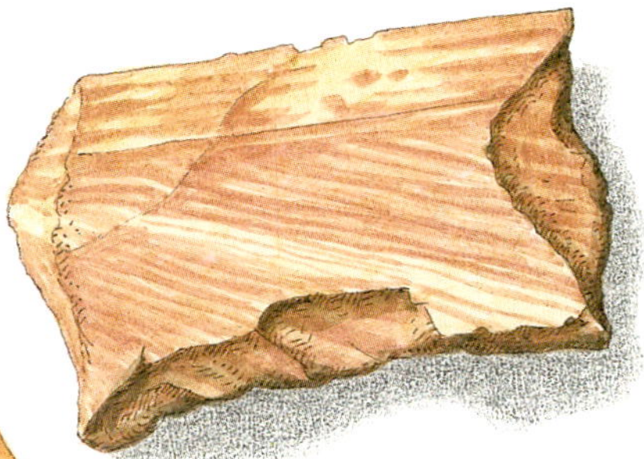

Arkosesandstein (oben)
Sandstein entsteht, wenn sich Sandkörnchen ablagern und unter starkem Druck mit anderen Mineralen zusammengepreßt werden. Arkose ist ein Sandstein mit einem hohen Anteil an Glimmer und Feldspat.

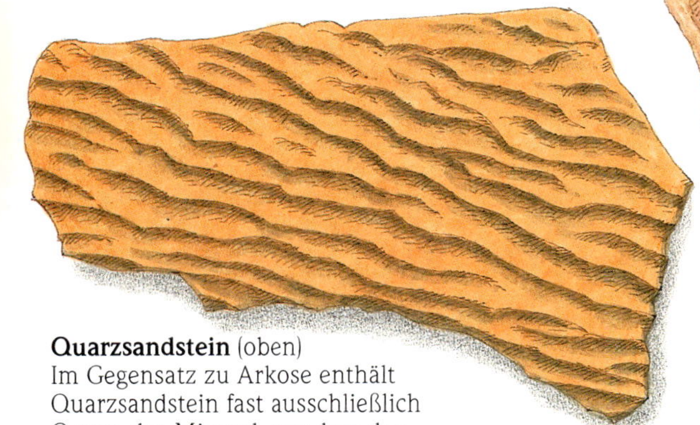

Quarzsandstein (oben)
Im Gegensatz zu Arkose enthält Quarzsandstein fast ausschließlich Quarz, das Mineral, aus dem der Sand an Meeresstränden besteht. Die Sandkörnchen haben Durchmesser von 0,05 bis 2 mm.

Eisenstein (oben)
Es gibt verschiedene Gesteine, die Eisen enthalten und deshalb Eisenstein genannt werden. Aus diesen Gesteinen, den sogenannten Erzen, wird Eisen gewonnen. Eisen und der aus ihm hergestellte Stahl werden zum Bau von Maschinen, Fahrzeugen, Brücken und Häusern gebraucht.

Kalktuff (oben)
Dieses weiche, poröse Gestein bildete sich häufig aus Pflanzenresten in der Umgebung heißer, kalkhaltiger Quellen. Travertin, eine dichtere und festere Form des Kalktuffs, wird als Baumaterial verwendet.

Feuerstein (links)
In vorgeschichtlicher Zeit stellten die Menschen durch Abschlagen von Feuerstein scharfkantige Werkzeuge her und schlugen aus ihm Funken, um Feuer zu machen. Feuerstein ist ein dichtes, dunkles und hartes Gestein in Form von rundlichen Knollen.

Ölschiefer (oben)
Dies ist eines der am häufigsten vorkommenden Sedimentgesteine. Einige Ölschiefer enthalten die Überreste von Pflanzen und Tieren. Erdöl stammt aus Ölschiefer (Seite 54).

Die Geschichte eines Gesteins

Kreide ist ein Sedimentgestein, das sich aus kalkhaltigen Teilchen gebildet hat, die sich auf dem Meeresboden ablagerten. Heute findet sich Kreide jedoch auch weit vom Meer entfernt. Wie ist das möglich? Vor. ungefähr 100 Millionen Jahren war ein großer Teil der heutigen Kontinente von flachen Meeren bedeckt. Dort lagerten sich kalkhaltige Sedimente ab. Dann drifteten die Kontinente auseinander (Seite 14) und trugen die Kreide mit sich.

Vor 100 Millionen Jahren

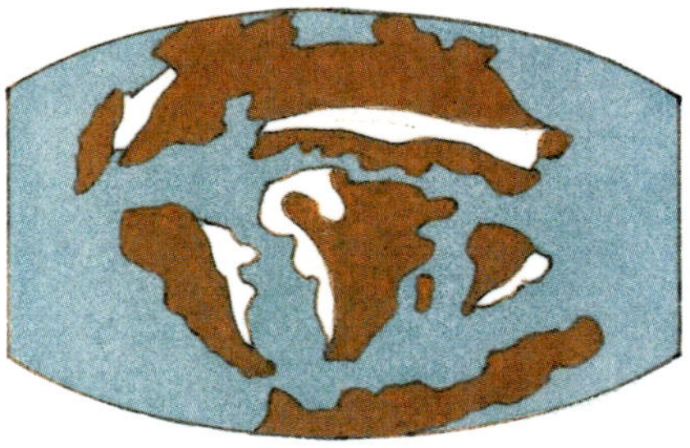

Vor 50 Millionen Jahren

Heute

ERDGESCHICHTE IN STEIN

Der Grand Canyon im nordamerikanischen Bundesstaat Arizona, eine tiefe Schlucht mit steil abfallenden Wänden, ist eines der Naturwunder der Erde. Diese Schlucht, die das Wasser des Flusses Colorado im Laufe von vielen tausend Jahren in das Gestein geschnitten hat, ist 350 km lang; ihre Breite schwankt zwischen 6 und 30 km. Die Entfernung zwischen dem Grund und der Oberkante beträgt stellenweise mehr als 1 500 m. Ein 169 km langer Abschnitt wurde zum Nationalpark erklärt. Aber diese Schlucht ist mehr als nur eine spektakuläre Spalte in der Erdoberfläche. Als sich der Fluß seinen Weg bahnte, legte er eine Reihe von Gesteinsschichten frei, die vorher tief unter der Erdoberfläche verborgen gewesen waren. Dabei handelt es sich überwiegend um Sand- und Kalksteine (siehe Seite 27) — Sedimentgesteine, die sich gebildet haben, als das Gebiet vor Millionen von Jahren von einem seichten Meer bedeckt war. Deshalb enthält das Gestein zahlreiche Fossilien heute ausgestorbener Meereslebewesen (siehe Seite 30). Wenn man einen der steilen Pfade auf den Grund der Schlucht hinabwandert, geht man immer weiter in die Vergangenheit zurück — je tiefer man kommt, desto älter sind die Gesteine.

Die vielen Farben des Canyon

Die Gesteinsschichten im Grand Canyon weisen viele verschiedene Farben auf, weil die in ihnen enthaltenen Minerale, darunter Eisen und Kupfer, nicht vom Regen ausgewaschen werden. In dieser Gegend fällt nur wenig Regen — der Colorado wird durch Niederschläge in den weiter östlich liegenden Rocky Mountains gespeist. Im Canyon wachsen nur Dornsträucher und einige Wacholderbäume.

Der junge Canyon
Vor vielen tausend Jahren begann der Colorado, sich seinen Weg durch das Gestein zu bahnen. Dann sank der Meeresspiegel ab, der Fluß wurde reißender und schnitt immer tiefer in die Gesteinsschichten ein.

Der obere Rand
Die Gesteine in der Nähe des oberen Randes sind ungefähr 200 Millionen Jahre alt. Sie enthalten Fossilien von Reptilien, Insekten und Farnen.

Die Steilwand
Der Kalkstein etwa auf halber Höhe des Canyons ist rund 400 Millionen Jahre alt. Er enthält unter anderem die Fossilien von Fischen, die einen Knochenpanzer trugen. Weiter unten sind die einzigen Hinweise auf Lebewesen gewundene Linien — vielleicht die Spuren von Würmern oder Schalentieren, die einst auf dem Meeresgrund lebten.

Geröllhaufen
Die Gesteine nahe dem Grund der Schlucht sind 2 Milliarden Jahre alt und enthalten keinerlei Spuren tierischen oder pflanzlichen Lebens. An den Ufern des Flusses liegen Haufen von Geröll und Felsbrocken — Teile der Bergwände, die infolge der Einwirkung von Wind, Regen und Frost abgebrochen sind.

Die Geschichte des Lebens

Vor 200 Millionen Jahren

Vor 400 Millionen Jahren

Vor 500 Millionen Jahren

Die Gesteinsschichten im Grand Canyon liegen noch heute so flach und waagerecht da, wie sie sich vor Millionen von Jahren ablagerten. Jede Schicht enthält in versteinerter Form die Tiere und Pflanzen, die zu der Zeit lebten, in der sie sich bildete. Die oben gezeigten Lebewesen, deren Fossilien gefunden wurden, erzählen die Geschichte des Lebens in diesem Gebiet.

Das Flußbett
Nach wie vor schneidet der Colorado in das Gestein ein und vertieft den Canyon immer weiter. Häufig wird sein Wasser von Nebel verdeckt. Manchmal führt der Fluß Hochwasser und fegt alles hinweg, was sich an seinen Ufern befindet.

IN STEIN BEWAHRT

Steine können eine faszinierende Geschichte erzählen, weil sie manchmal Hinweise auf Lebewesen geben, die vor langer Zeit lebten und deren Überreste in Form von Versteinerungen oder Fossilien erhalten geblieben sind. Wie ist das möglich? Vor vielen tausend Jahren ist ein Tier oder eine Pflanze gestorben und auf den Grund eines Meeres, eines Sees oder eines Flusses gesunken. Die weichen Teile verrotteten schon bald, aber die harten Teile wie Knochen, Zähne oder Schalen blieben erhalten und wurden unter weiteren Ablagerungen begraben. Allmählich sickerte Wasser zum Beispiel in einen Knochen ein, und die in ihm enthaltenen Minerale verwandelten ihn in Stein.
Je mehr Sedimente sich ablagerten, desto tiefer wurden die Überreste hinabgedrückt, und der Druck bewirkte, daß sich die Ablagerungen zu Sedimentgesteinen verfestigten.

Anhand von Fossilien in Gesteinen unterschiedlichen Alters kann man nachverfolgen, wie sich das Leben auf der Erde verändert hat. Die frühesten Fossilien in etwa 3 Milliarden Jahre altem Gestein stammen von winzigen, klümpchenähnlichen Geschöpfen, von denen wir noch nicht wissen, wie sie entstanden sind. 570 Millionen Jahre altes Gestein enthält die Fossilien von Schalentieren und anderen Lebewesen. Vor etwa 230 Millionen Jahren bildeten sich die ersten Fossilien von Dinosauriern, aber vor 65 Millionen waren sie wieder ausgestorben, und die Anzahl der Säugetier-Fossilien nahm zu.

Moostierchen und Seelilien
Moostierchen (Bryozoen) waren korallenähnliche Geschöpfe, deren netzähnliche fossile Spuren in etwa 500 Millionen Jahre altem Kalkstein zu finden sind. Die zarten, vielfach verzweigten Seelilien sind mit den Seesternen und Seeigeln verwandt.

Zurück zu den Ursprüngen des Lebens
Die Abbildungen zeigen fossile Überreste von Tieren und Pflanzen, die vor Millionen von Jahren lebten. Da Sedimentgesteine durch immer neue Ablagerungen entstehen, sind die Fossilien in den unteren Schichten im allgemeinen älter als die in den darüberliegenden. In neuerer Zeit wird das Alter von Gesteinen durch die Messung der von ihnen ausgehenden radioaktiven Strahlung bestimmt. Mit dieser Methode läßt sich Gestein bis auf ein paar Millionen Jahre genau datieren.

Korallen
Die winzigen Korallentierchen scheiden becherförmige Kalkskelette ab (Seite 50), die gute Fossilien liefern. Die meisten Fossilien riffbildender Korallen sind vor etwa 230 Millionen Jahren entstanden.

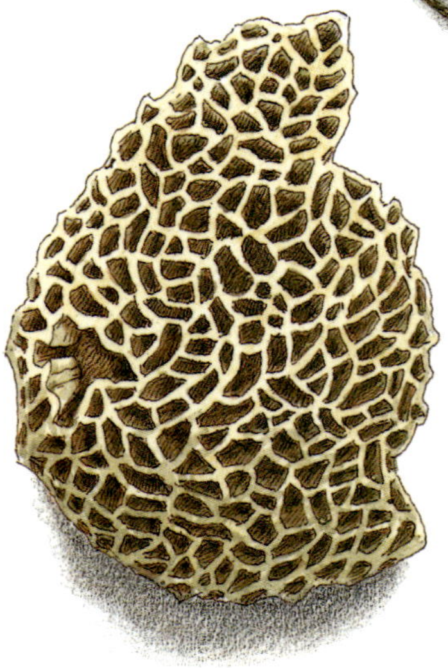

Ammoniten
Die Ammoniten oder Ammonshörner gehören zu den bekanntesten Fossilien. Das hat zwei Gründe: Ihre Gehäuse versteinerten besonders gut, und außerdem waren sie in der Zeit vor 144 bis 65 Millionen Jahren sehr zahlreich.

Fische und Seesterne
Obwohl das Skelett eines Seesterns spröde ist und leicht bricht, lassen Fossilien erkennen, daß es diese Tiere schon vor mehr als 450 Millionen Jahren gab. Die frühesten Fossilien von Fischen, den ersten Tieren mit einer Wirbelsäule, sind 400 bis 460 Millionen Jahre alt. Diese Epoche wird als das „Zeitalter der Fische" bezeichnet.

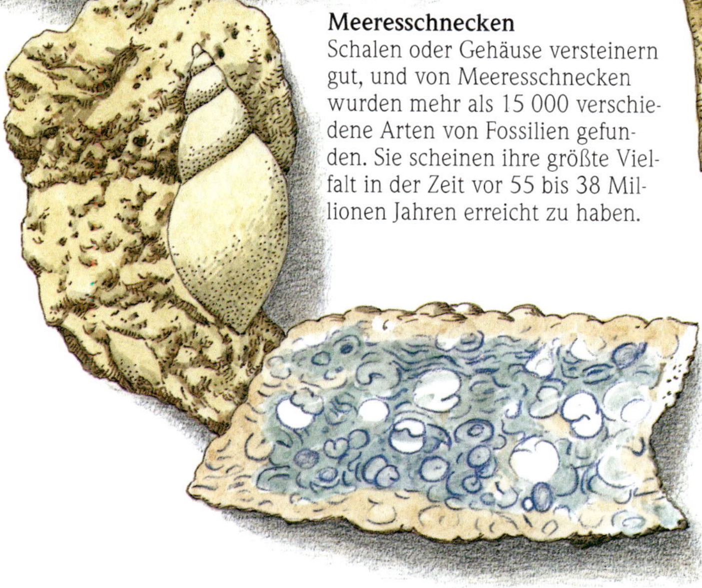

Meeresschnecken
Schalen oder Gehäuse versteinern gut, und von Meeresschnecken wurden mehr als 15 000 verschiedene Arten von Fossilien gefunden. Sie scheinen ihre größte Vielfalt in der Zeit vor 55 bis 38 Millionen Jahren erreicht zu haben.

Pflanzen
Fossilien lassen erkennen, daß vor rund 400 Millionen Jahren die ersten Landpflanzen erschienen. Vor etwa 300 Millionen Jahren gab es zahlreiche Farne in Form riesiger Bäume.

Trilobiten
Die Trilobiten oder Dreilapper lebten vor 505 bis vor 438 Millionen Jahren in großen Massen auf dem Meeresgrund. Sie sind mit den heutigen Insekten, Spinnen und Krebsen verwandt, waren aber vor 200 Millionen Jahren bereits ausgestorben.

DAS WECHSELNDE WETTER

Wie ist das Wetter heute? Ist es sonnig, bewölkt oder neblig? Regnet oder schneit es? Unser Wetter verändert sich ständig, sowohl von Ort zu Ort als auch an verschiedenen Tagen an ein und demselben Ort. In diesem Augenblick kann es in Rom regnen, während in San Francisco die Sonne scheint und der Himmel über Kalkutta bewölkt ist.

Aber es ist höchst unwahrscheinlich, daß in der Sahara Schnee fällt oder daß es am Südpol warm genug für ein Sonnenbad ist. Denn obwohl das Wetter von Tag zu Tag (und sogar von Minute zu Minute) wechseln kann, ist es in größeren Zeitmaßstäben eher vorhersehbar. Die verschiedenen Weltgegenden haben ihr eigenes, durch den Ablauf der Jahreszeiten geregeltes Wettermodell. Dieses langfristige Wettermodell bezeichnen wir als Klima.

Was bewirkt, daß das Wetter wechselt? Die erste Antwort auf diese Frage liefert die Sonne. Wenn sich die Erde um ihre eigene Achse dreht, erwärmt die Sonne verschiedene Teile der Atmosphäre (siehe Seite 8—11). Warme Luft steigt auf und verdrängt kühlere Luft. Diese Luftbewegung nennen wir Wind. Wenn Luft aufsteigt, kühlt sie ab, und der in ihr enthaltene Wasserdampf verdichtet sich zu Wolken, die Regen entlassen (siehe Seite 34).

Auch für die Temperatur ist die Sonne verantwortlich. In den Tropen ist es sehr warm, weil die Sonnenstrahlen fast senkrecht auf die Erde treffen. Sie brauchen nur wenig Atmosphäre zu durchdringen. An den Polen dagegen fallen die Sonnenstrahlen schräg ein und müssen deshalb einen viel weiteren Weg durch die Atmosphäre zurücklegen. Von ihrer Wärme wird relativ viel absorbiert, und wenn ihre Strahlen die Erde erreicht haben, sind sie nicht mehr sonderlich warm.

Wetterbeobachter am Himmel
Ungefähr 1000 km über der Erdoberfläche umkreisen Satelliten die Erde und machen Fotos von Wolken und anderen Wettererscheinungen. Diese Fotos werden zu Bodenstationen hinabgefunkt und von Computern zu den „Satellitenaufnahmen" umgewandelt, die täglich vom Fernsehen gezeigt werden. Mit Hilfe dieser Satelliten können die Wetterfachleute oder Meteorologen verläßlichere Vorhersagen machen.

Klar und sonnig
In wolkenlosen Gegenden ist das Wetter sonnig. Die Erdoberfläche erscheint wie eine riesige Karte, auf der Gebirge, Seen und Küstenlinien deutlich zu erkennen sind. Die Kameras an Bord moderner Wettersatelliten können erstaunlich detaillierte Aufnahmen machen und sogar Formen erkennen, die nicht größer sind als ein Auto.

Aussicht auf Regen
Die Oberseiten der Wolken sehen anders aus als die Unterseiten, die wir von der Erde aus beobachten können. Diese dunklen Wolken, Nimbostratus genannt, sind ein Anzeichen dafür, daß es unter ihnen regnet. In manchen tropischen Gebieten gibt es während einiger Wochen im Jahr ständig heftigen Regen; diese Regenperiode wird Monsunzeit genannt.

Wehende Winde
Die Drehung der Erde um ihre eigene Achse bewirkt, daß auf der Nordhalbkugel der Wind häufiger von Westen nach Osten und auf der Südhalbkugel häufiger von Osten nach Westen weht. In manchen Meeresgebieten in der Nähe des Äquators kommt es vor, daß es wochenlang überhaupt keinen Wind gibt.

Zerstörerische Gewalten
Hurrikane und Taifune — Wirbel aus sehr starken Winden — entstehen meistens über warmen, tropischen Meeren. Winde mit Geschwindigkeiten von mehr als 120 Stundenkilometern wirbeln um ein „Auge" in der Mitte herum, in dem es fast windstill ist.

Eine dicke Schneedecke
Wenn die Temperatur in einer Wolke unter 0 Grad Celsius absinkt, verwandelt sich der Wasserdampf in winzige Eiskristalle. Die Kristalle ballen sich zu Schneeflocken zusammen, die dann auf die Erde fallen. Manchmal ist fast ein Viertel der Landfläche der Erde mit Schnee bedeckt.

DER KREISLAUF DES WASSERS

Wasser ist überall, aber nicht alles davon können wir sehen. Es bedeckt in Form von Meeren sieben Zehntel der Erdoberfläche, und der menschliche Körper besteht zu zwei Dritteln aus Wasser. Die Menge des Wassers auf der Erde bleibt immer gleich, aber ein Teil des Wassers ist in Bewegung. Es wird von der Sonne erwärmt und scheint zu verschwinden; in Wirklichkeit verwandelt es sich jedoch in unsichtbaren Wasserdampf und steigt in die Atmosphäre empor. Dieser Vorgang wird Verdunstung genannt. Wenn der Wasserdampf aufsteigt, kühlt er ab und verwandelt sich in Milliarden winziger, ganz leichter Wassertröpfchen, die wir als Wolken sehen können. Von Zeit zu Zeit ballen sich diese Tröpfchen zu Wassertropfen zusammen — man sagt, sie kondensieren. Damit werden sie zu schwer, um noch in der Atmosphäre schweben zu können, und fallen als Regen auf die Erde.

Diese Abfolge von Ereignissen wird als „Kreislauf des Wassers" bezeichnet und ist Bestandteil unseres Wetters. In manchen Gegenden gibt es besonders viel oder besonders wenig Wolken und Regen, Eis und Schnee, und die jeweils vorherrschenden Wetterverhältnisse entscheiden darüber, welche Tiere und Pflanzen in einem bestimmten Gebiet leben (siehe Seite 36).

1 Schnee fällt
In kalten Gegenden, über Gebirgen und im Winter kehrt Wasser oft in Form von Schnee auf die Erde zurück. Schließlich treffen die warmen Strahlen der Sonne auf den Schnee. Er schmilzt, und das Wasser fließt durch die Kanalisation, durch Täler und Flüsse ins Meer zurück.

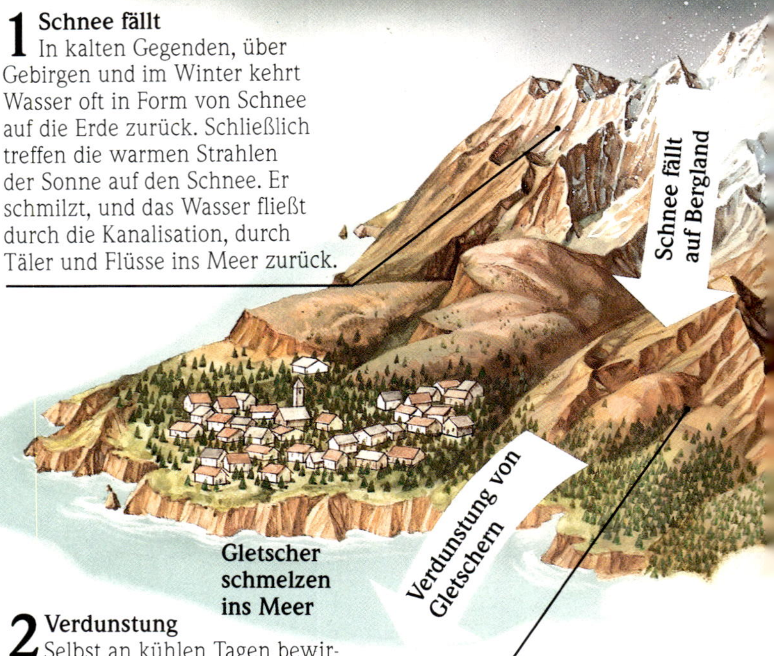

2 Verdunstung
Selbst an kühlen Tagen bewirken die Sonnenstrahlen und die austrocknende Kraft des Windes, daß sich Wasser in Wasserdampf verwandelt (verdunstet). Wasser verdunstet von der Meeresoberfläche, von Flüssen, Seen, Gletschern, Schneefeldern und überall dort, wo es geregnet hat.

3 Regenwetter
Im Winter ist die Luft über dem Land kälter als die über dem Meer. Vom Meer herbeigewehte Luft wird deshalb über dem Land plötzlich abgekühlt. Der in ihr enthaltene Wasserdampf kondensiert und fällt als Regen herab.

Oben in den Wolken
Die einzelnen Wolkentypen bilden sich in unterschiedlichen Höhen, und jeder Typ bringt ein bestimmtes Wetter. Aus niedrigen, dunklen Nimbostratus-Wolken fällt Regen. Hoch aufgetürmte Kumulonimbus-Wolken können Gewitter bringen. Hohe Berge wie etwa der Mount Everest sind oft in Wolken eingehüllt.

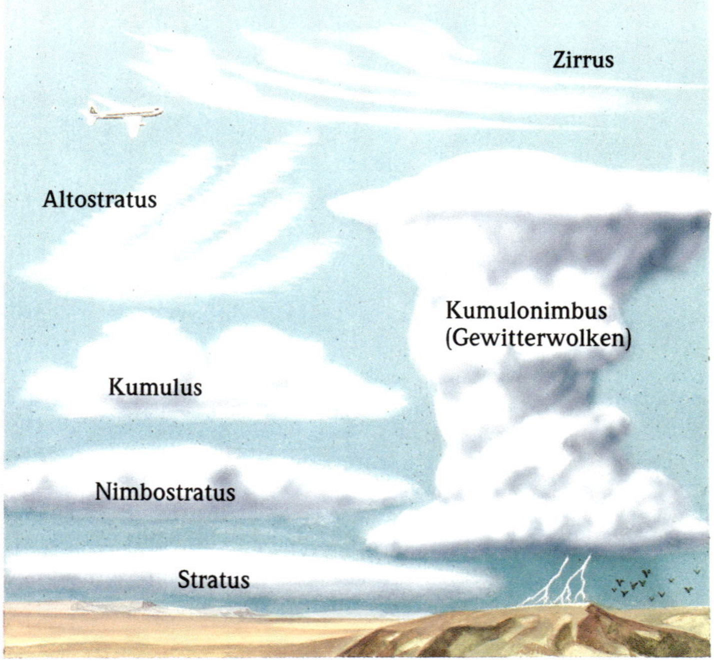

Wasser in Bewegung
Das Wasser der Erde bewegt sich unaufhörlich im Kreis. Regen und Schnee fallen auf die Erde und gelangen in Form von Flüssen und Gletschern ins Meer. Wasser vom Land, vom Meer und aus Pflanzen und Tieren kehrt in Form von Wasserdampf in die Atmosphäre zurück. Da Wasser große Wärmemengen speichern kann, gleicht es die Temperaturschwankungen in vielen Gebieten der Erde aus.

6 Wolken in der Höhe
Wenn der Wind über Berge weht, steigt die Luft auf und kühlt ab. Der in ihr enthaltene Wasserdampf kondensiert, und es bilden sich Wolken. Wenn die Kondensation fortschreitet, fällt das Wasser in Form von Regen, Schnee oder Hagel zur Erde und der Kreislauf kann von neuem beginnen.

5 Nebel
Nebel ist eine dicht über der Erdoberfläche hängende Wolke. Der in ihr enthaltene Wasserdampf kondensiert und die Tröpfchen schlagen sich als Tau auf dem Boden nieder. Wenn man im Nebel spazierengeht, wird auch die Kleidung feucht.

4 Transpiration
Pflanzen nehmen Wasser mit ihren Wurzeln auf, transportieren es durch ihre Stengel und geben es in Form von Wasserdampf durch ihre Blätter wieder ab. Durch diesen Vorgang, der Transpiration genannt wird, gelangen riesige Wassermengen in die Atmosphäre.

LEBEN RUND UM DIE ERDE

Fast überall auf der Erde gibt es Tiere und Pflanzen, aber diejenigen, die an den eisigen Polen leben, unterscheiden sich erheblich von denen am feuchtheißen Äquator. In erster Linie entscheiden Temperaturen und Wasser darüber, was wo leben kann. Je wärmer und feuchter ein Gebiet ist, desto mehr Pflanzen und Tiere gibt es dort und desto größer ist die Zahl der Arten. Aber viele Tiere und Pflanzen in aller Welt haben sich im Laufe von Jahrmillionen auch sehr harten Umweltbedingungen angepaßt; so besitzen zum Beispiel die an den Polen lebenden Tiere eine dicke Fettschicht, die sie vor der Kälte schützt.

Wenn man vom Äquator aus nach Norden oder Süden reist, sinken die Temperaturen allmählich ab, weil die Sonnenstrahlen um so mehr an Kraft verlieren, je weiter der Weg ist, den sie durch die Atmosphäre zurücklegen müssen (siehe Seite 10). Am Äquator liegt die Temperatur immer bei 25 bis 30 Grad Celsius oder darüber; es ist dort wärmer als bei uns an den meisten Sommertagen. In der Nähe des Südpols kann die Temperatur im Hochsommer über den Gefrierpunkt ansteigen, aber im Durchschnitt beträgt sie −50 Grad Celsius. In diesen verschiedenen Temperaturzonen haben sich ganz spezielle, den jeweiligen Umweltverhältnissen angepaßte Tiere und Pflanzen entwickelt. Da Meere, Meeresströmungen und Winde die Temperatur beeinflussen und die Niederschläge unterschiedlich hoch sind, unterscheiden sich die Zonen nördlich und südlich des Äquators voneinander.

Was wächst wo?
Wenn wir, wie hier illustriert und auf den Seiten 38–39 fortgesetzt, den Blick vom Pol zum Äquator wandern lassen könnten, würden wir erkennen, daß die zum Äquator hin höher werdenden Temperaturen eine größere Vielfalt von Pflanzen und Tieren mit sich gebracht haben. Jede Zone wird gewöhnlich nach den Pflanzen benannt, die in ihr besonders reichlich wachsen, zum Beispiel Nadelbäume oder Gräser. Der Grund dafür ist, daß es von den in einer Zone wachsenden Pflanzen abhängt, welche Tiere in ihr leben können.

Wälder der gemäßigten Zone
Das Wort „gemäßigt" wird auf die kühlen Zonen der Erde angewendet. In diesen Wäldern werfen Laubbäume wie Eiche und Ahorn im Herbst ihre Blätter ab, und in ihnen leben Tiere wie Dachse, Füchse, Marder, Eichhörnchen und verschiedene Arten von Rehen und Hirschen.

Nadelwald
Südlich der Tundra gibt es riesige Gebiete mit immergrünen Nadelbäumen wie Fichten und Tannen. Ihre nadelförmigen Blätter vertragen auch große Kälte.

Tundra
Rings um die eisige Arktis herum erstreckt sich eine baumlose Landschaft, die Tundra genannt wird. Sie ist im Winter fest gefroren, aber während des sehr kurzen Sommers wachsen Moose und andere Pflanzen, die Rentieren, Lemmingen und anderen Tieren Nahrung bieten.

Polare Eiskappen
An den Polen der Erde ist das lebensspendende Süßwasser zu Eis erstarrt. Deshalb gibt es dort keine Landpflanzen. Die Meere gefrieren nur an der Oberfläche; darunter gibt es Fische und winzige Meereslebewesen, die als Plankton bezeichnet werden. Sie liefern den wenigen größeren Tieren, die im oder am Wasser leben, Nahrung. Zu ihnen gehören der Eisbär (in der Arktis) und die Pinguine (in der Antarktis).

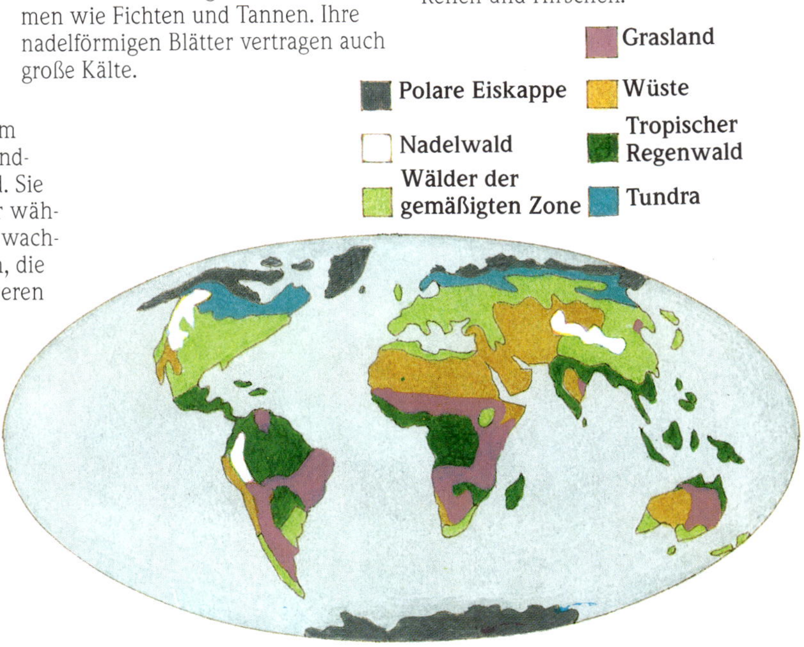

Wüste
Manche Wüsten sind heiß, andere kalt, aber alle sind sehr trocken und kahl. Eine Wüste entsteht, wenn mehr Wasser durch Verdunstung verlorengeht (siehe Seite 34), als durch Regen ersetzt wird. Es gibt nur wenige Pflanzen und Tiere; nur zähe Gräser, Kakteen und Dornsträucher können überleben. Wüstentiere sind zum Beispiel Echsen, Wüstenspringmäuse und Kamele. Ungefähr ein Drittel der Landfläche der Erde ist Wüste oder Halbwüste.

Tropischer Regenwald
Beiderseits des Äquators ist das Klima heiß und feucht. Dort wächst der tropische Regenwald. In ihm gibt es vielleicht zehnmal so viele Pflanzenarten und möglicherweise hundertmal so viele Tierarten wie in den Wäldern der gemäßigten Zone. Man schätzt, daß in den tropischen Regenwäldern rund zwei Fünftel aller Tier- und Pflanzenarten der Erde leben.

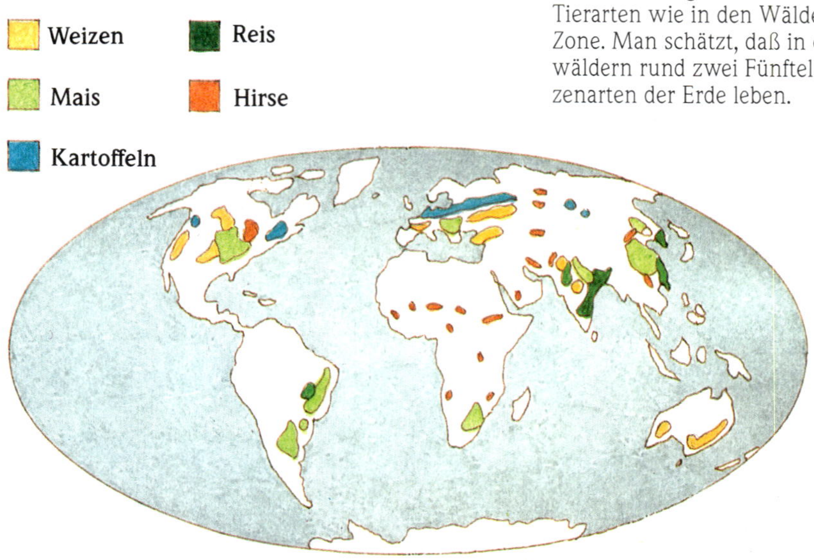

Grasland
Wo für Bäume nicht genug Regen fällt, sind in den tropischen und gemäßigten Zonen riesige Grasland-Gebiete entstanden. Zu ihnen gehören die Savannen in Afrika, die Steppen in Asien, die Prärien in Nordamerika und die Pampas in Südamerika.

Natur unter dem Pflug

Wenn wir das heutige Aussehen unseres Planeten mit dem vor 5 000 Jahren vergleichen könnten, würden wir gewaltige Veränderungen feststellen. Riesige Landstriche, die einmal „Wildnis" waren, wurden für Ackerbau und Industrie nutzbar gemacht. Die Prärien in Nordamerika sind zwar immer noch Grasland, aber die einstigen Wildgräser (und die Bisons, die sich von ihnen ernährten) sind fast völlig verschwunden. Heute wird diese Landschaft gepflügt und mit Weizen oder anderen der Ernährung der Menschheit dienenden Pflanzen besät. Die Wälder der gemäßigten Zone, die einst fast ganz Europa bedeckten, wurden gefällt, um Holz für Schiffe, Häuser und Möbel zu beschaffen. An ihre Stelle sind Felder mit Korn, Gerste, Rüben und Kartoffeln getreten. Von den tropischen Regenwäldern, der artenreichsten Landschaft der Erde, verschwindet fast täglich ein Gebiet von einem Viertel der Fläche der Stadt New York; auf diese Weise soll Holz als Baumaterial und für die Papierindustrie beschafft und Platz für Ackerland und Fabriken gewonnen werden.

WIE NEUES LAND ENTSTEHT

Seit es die Erde gibt, gibt es auch einen unaufhörlichen Kampf zwischen Land und Meer. Daran hat sich auch heute noch nichts geändert. In einigen Weltgegenden ist das Meer Sieger, und die Küste wird von ihm abgenagt und fortgespült (siehe Seite 48). Aber anderswo, zum Beispiel im Delta des Mississippi, hat das Land die Oberhand gewonnen. Wie konnte das geschehen?

Wenn sich ein Fluß dem Meer nähert, fließt sein Wasser langsamer. Die winzigen Sand- und Lehmteilchen, die er mit sich führt, sinken und lagern sich auf dem Grund ab. Sandkörner und andere relativ große Teilchen lagern sich nahe der Küste zuerst ab. Die feineren Teilchen können kilometerweit ins Meer hinausgetragen werden, bevor sie sich ablagern. Diese Ablagerung wird als Sedimentation bezeichnet, die abgelagerten Teilchen heißen Sedimente. Infolge der Sedimentation hebt sich das Flußbett. Wenn bestimmte Voraussetzungen gegeben sind (siehe unten), bildet sich an der Flußmündung ein Landstreifen, der sich um so weiter ins Meer hinausschiebt, je mehr Sedimente abgelagert werden. Wenn eine solche Flußmündung die Form eines Dreiecks hat, wird sie als Delta bezeichnet, und sie besteht aus Land, das ursprünglich vom Meer bedeckt war. Ein Delta hat sich zum Beispiel in Ägypten an der Mündung des Nils, in Indien an der Mündung des Ganges und, wie hier illustriert, an der Mündung des Mississippi in den Vereinigten Staaten gebildet. Dieser Vorgang kann sehr schnell ablaufen: das Delta des Mississippi wächst jährlich um rund 90 Meter.

So bildet sich ein Delta

Einige Deltas bestehen aus lockeren Sedimenten, die während eines einzigen Sturms fortgespült werden können. Aber Pflanzen wie Mangroven und Strandhafer, der auf Sanddünen wächst, machen sie dauerhafter. Die Pflanzen breiten sich in seichtem Wasser aus und verlangsamen damit dessen Fließgeschwindigkeit, so daß sich noch mehr Teilchen ablagern können. Im Verlauf der Jahrhunderte verwandeln sich die lockeren Sedimente in festes, trockenes Land und werden schließlich zu Sedimentgestein (siehe Seite 26).

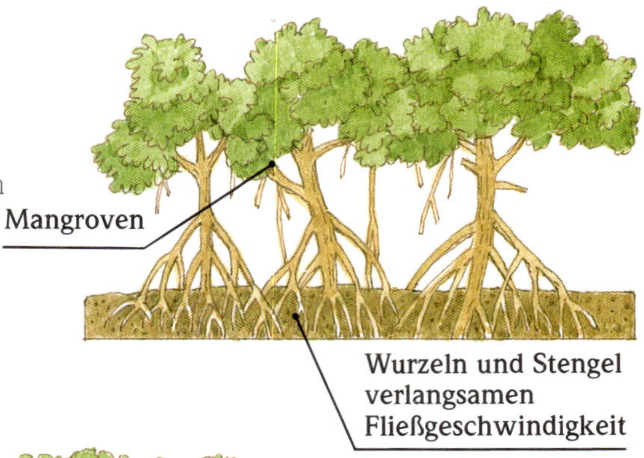

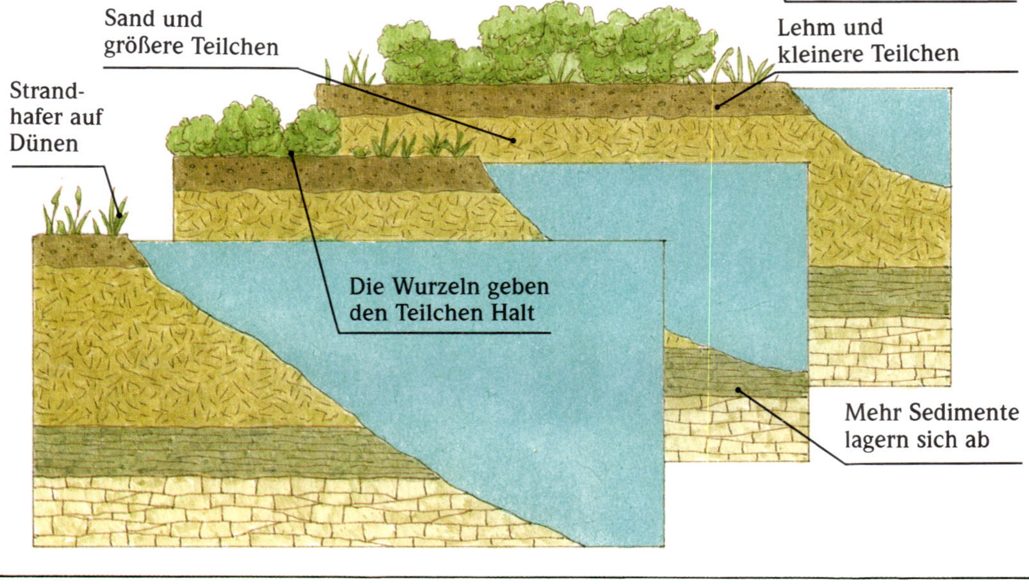

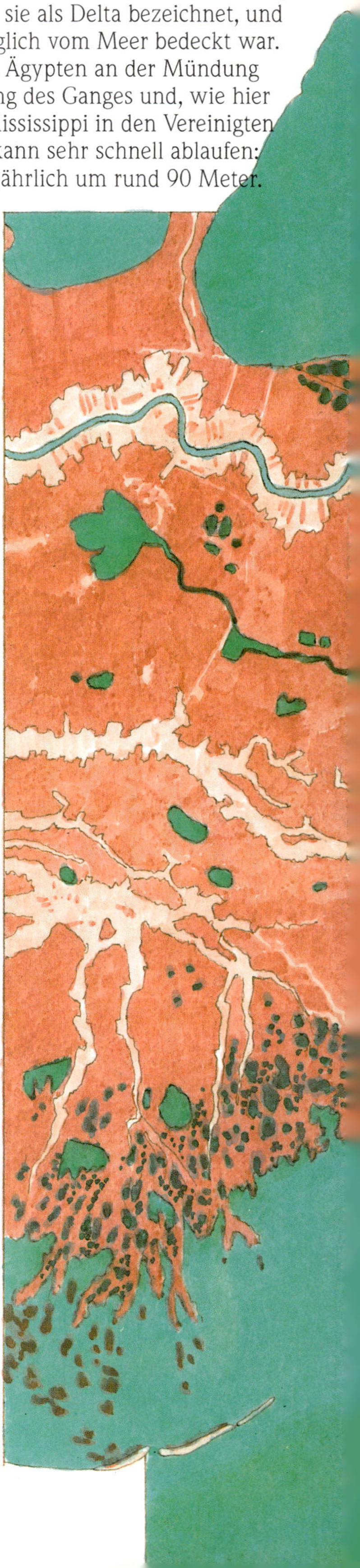

Der Mississippi und sein Delta

Dieser große Fluß sammelt das Wasser von rund zwei Fünfteln des Gebietes der Vereinigten Staaten und mündet in der Nähe von New Orleans in den Golf von Mexiko. (Sein Name bedeutet in der Sprache der Algonquin-Indianer „Vater des Wassers".) Im Laufe der Jahrhunderte hat sich der Fluß mehrfach ein neues Bett gesucht und damit auch dem Delta immer wieder eine andere Form gegeben. Auf dieser von einem Satelliten gemachten Aufnahme erscheint das Land in Rot.

Satellit
Wo das Delta einstmals war
Vor etwa 3 000 Jahren lagen diese Inseln am Rande des Deltas. Aber die Wellen und Strömungen des Meeres haben allmählich den mittleren Teil des Deltas fortgespült, und heute ist nur noch eine Reihe von vorgelagerten Inseln übriggeblieben.
Der Fluß heute
Alljährlich befördert der Mississippi mehr als 500 Millionen Tonnen Sand, Lehm und andere Sedimente in den Golf von Mexiko. Sie kommen zum Teil aus dem Quellgebiet des Flusses im Norden und haben eine Strecke von 3 500 Kilometern zurückgelegt.
Das Delta der Zukunft?
Winde und Meeresströmungen tragen die Sedimente von der Flußmündung aus so weit südwärts, daß sie viele Kilometer weit das Wasser trüben. In ein paar tausend Jahren ist dieses Gebiet vielleicht zu Land geworden, und die Flußmündung hat sich noch weiter ins Meer vorgeschoben.

DIE NATUR ALS BILDHAUER

Uns kommen Felsen hart und unzerstörbar vor, aber selbst „massiver Fels“ kann den Kräften der Natur nicht widerstehen. Der Wind jagt Sandkörnchen und andere Teilchen hoch und schleudert sie gegen einen Felsen. Dieses „Sandstrahlgebläse“ erzeugt Löcher und Risse. Tagsüber scheint die Sonne und bewirkt, daß sich das Gestein ausdehnt; in einer kalten Nacht zieht es sich wieder zusammen. Dadurch entstehen in seiner Oberfläche Tausende von kleinen Rissen.

Der Regen prasselt hernieder, und das Wasser dringt in die Löcher und Risse ein und schwächt den Felsen. Überschwemmungen und Flüsse nagen an seiner Oberfläche. In der Erde und in der Luft enthaltene Chemikalien gelangen ins Wasser und machen es zu einer schwachen Säure, die manche Gesteinstypen wie etwa Kalkstein im Laufe der Zeit auflöst.

Wenn Wasser gefriert, dehnt es sich mit beträchtlicher Kraft aus. Das Wasser, das sich in den Löchern und Rissen des Felsens befindet, sprengt ihn auseinander, wenn es gefriert, und die Gletscher (Seite 46), die im Grunde Flüsse aus Eis sind, können tiefe Täler formen. All diese Kräfte, die zusammen als Erosion bezeichnet werden, können selbst die härtesten Felsen zerstören.

Steinerne Formen
Überall auf der Erde (aber hier nebeneinander dargestellt) haben die Kräfte der Erosion ganz erstaunliche Felsformationen entstehen lassen. Es gibt Gesteinsarten, die wesentlich härter und widerstandsfähiger sind als andere. Wenn dann die weicheren, schwächeren Gesteine um sie herum der Erosion zum Opfer gefallen sind, bleiben die härteren Gesteine in oft absonderlichen oder herrlichen Formen stehen — Bildhauerwerke der Natur.

Elefanten in der Wüste
In der Sahara wurde 420 Millionen Jahre alter Sandstein durch Erosion so aufgespalten und abgetragen, daß die riesigen Klippen von Tassili der Adjer entstanden. Auf 7 000 Jahre alten Höhlenmalereien sind Elefanten und Antilopen dargestellt. Sie beweisen, daß es zu jener Zeit in der Sahara Wälder gab.

Valle de la Luna
In den Ausläufern der Anden im Norden Argentiniens liegt das trockene und öde „Tal des Mondes“. Vom Wind gepeitschter Sand hat Felssäulen herausgemeißelt, doch Fossilien, die dort gefunden wurden, lassen erkennen, daß dieses Gebiet einst feucht war und daß es dort riesige Farne, Echsen und Schlangen gab.

Riesenspielzeug
Der Harz an der Grenze zwischen der Bundesrepublik und der DDR war einst nur ein Granitmassiv tief unter der Erdoberfläche. Zahlreiche Auffaltungen und Erosionsvorgänge haben das Gebirge an die Oberfläche gebracht. Felsbrocken von Hausgröße liegen herum wie Kieselsteine, mit denen ein Riese gespielt hat.

Ein großer alter Mann
Der „Alte Mann von Hoy“ ist eine 137 m hohe, dünne Felsnadel, die in der Nähe der Orkneyinseln vor der schottischen Küste aus dem Meer aufragt. Sie besteht aus überaus hartem Sandstein und gehörte einst zu einer langen Klippe, die vom Meer fortgespült wurde.

Vom Regen geglättet
Heftige Monsunregen haben dazu beigetragen, die Westghats zu formen, eine Gebirgskette im Westen von Indien. Hier liefert eine Kappe aus hartem Gestein einen „Schirm“ für den vom Regen geglätteten Kegel unter ihr.

Der Große Bär
Im Norden von Sardinien gibt es einen Landvorsprung, der von Tau erodiert worden ist. Der Tau lagert sich nachts ab und greift den Stein mit den in ihm enthaltenen Chemikalien an. An schattigen Stellen bleibt er länger liegen als an sonnigen, an denen er rasch trocknet. Steinsplitter lösen sich ab und werden fortgeweht, und es bilden sich schüsselförmige Vertiefungen. Dieser Fels wird *Capo d'Orso,* das „Kap des Bären“ genannt. Wenn man genau hinschaut, sieht man, warum.

Die steinerne Stadt
Ciudad Encantada, die „Verzauberte Stadt“, liegt in der Nähe der spanischen Hauptstadt Madrid. Aber diese bizarren Felsformationen sind nicht das Werk von Menschen. Im Verlauf von Jahrhunderten haben harte Platten aus Dolomit den darunterliegenden Kalkstein vor der Erosion durch Regenwasser (Seite 44) geschützt, und so konnten steinerne „Wolkenkratzer“ entstehen.

DIE WELT UNTER UNSEREN FÜSSEN

Seit vielen tausend Jahren haben Höhlen Menschen Schutz geboten. 1940 suchten in der Nähe des Ortes Lascaux in Südwestfrankreich vier Jungen nach ihrem Hund. Dabei entdeckten sie eine große Höhle, an deren Wänden sich wundervolle Malereien von Hirschen, Pferden, Bären und anderen Tieren befanden. Heute sind die Höhlenmalereien von Lascaux weltberühmt. Sie wurden vor 17 000 Jahren von den Cromagnon-Menschen geschaffen, die in Höhlen lebten.

Aber wie bilden sich Höhlen? Viele von ihnen sind in Kalkstein durch eine einfache chemische Reaktion zwischen dem Regen, der Luft und den Mineralen des Gesteins entstanden. Wenn Regenwasser in den Boden einsickert, absorbiert es Kohlendioxid, das es in ganz schwache Kohlensäure verwandelt. Die Kohlensäure löst den Kalkstein auf, wenn sie mit ihm in Berührung kommt. Wenn Jahrtausende lang immer wieder Regenwasser durch Risse und Spalten im Gestein einsickert, wird der Kalkstein erodiert, und die Löcher im Gestein werden immer größer. Unterirdische Flüsse tragen das Ihre zur Erosion bei, und stark zerklüftete Teile des Gesteins stürzen ein. Auf diese Weise kann sich allmählich ein ganzes System von Höhlen und Gängen bilden. Manche Höhlen haben erstaunliche Ausmaße. In der größten Einzelhöhle der Welt, der Sarawak-Halle auf der Insel Borneo, könnte man 800 Tennisplätze anlegen.

Ein steinernes Pflaster
In vielen Kalksteingebieten versikkert das Regenwasser sehr schnell oder bildet Flüsse, die unter der Erde verschwinden. Die unaufhörliche Erosion und der Mangel an Oberflächenwasser lassen eine trockene, öde Landschaft – einen sogenannten Karst – entstehen, in der nur wenige Pflanzen existieren können. Das Gestein erodiert in den Fugen, und so entsteht ein Gebiet, das aussieht, als wäre es mit Kalkstein gepflastert.

Höhlenlandschaft
In einem Kalksteingebiet kann es riesige Höhlen mit reißenden Flüssen und endlosen Gängen mit phantastisch geformten Tropfsteinen geben. An der Oberfläche ist davon oft kaum mehr zu sehen als ein paar kleine Löcher, die dort entstanden sind, wo die Decke der darunterliegenden Höhlen so dünn war, daß sie eingestürzt ist. Durch diese Löcher gelangen Wasser, Tiere und Höhlenforscher ins Höhleninnere.

Verschluckt
Durch sogenannte Schlucklöcher können Flüsse in Höhlen hinabstürzen. Ihr Wasser enthält Nährstoffe, von dem ganz eigentümliche, blinde Höhlenbewohner wie Fische, Krebse und Molche leben können.

Emporwachsend
An den Stellen, an denen Wasser auf den Boden tropft, wachsen möhrenförmige Stalagmiten empor. Wie die von der Decke hängenden Tropfsteingebilde, die Stalaktiten, wachsen sie im Jahr durchschnittlich 2 mm und können bis zu 2 m hoch werden.

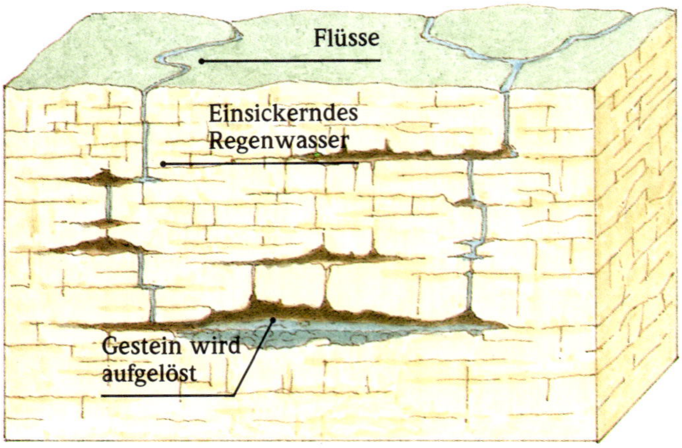

So fängt es an
Es dauert viele Jahrhunderte, bis sich ein großes Höhlensystem gebildet hat. Der Vorgang beginnt, wenn sich durch Bewegungen der Erde in Kalkstein kleine Risse bilden. Regenwasser, das den Gesetzen der Schwerkraft zufolge immer zum tiefsten Punkt hinfließt, sickert in die kleinen Risse ein und nagt am Gestein.

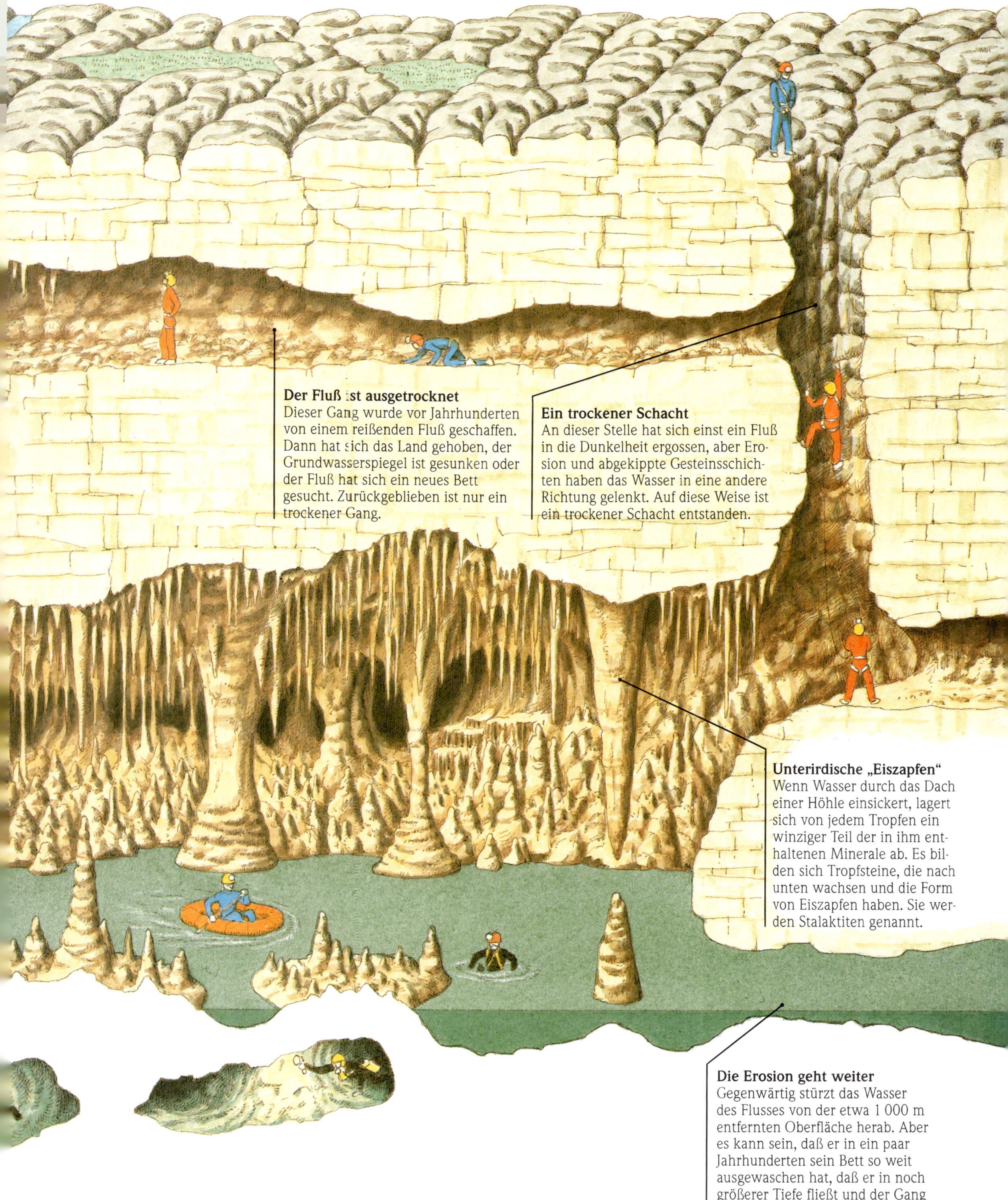
Der Fluß ist ausgetrocknet
Dieser Gang wurde vor Jahrhunderten von einem reißenden Fluß geschaffen. Dann hat sich das Land gehoben, der Grundwasserspiegel ist gesunken oder der Fluß hat sich ein neues Bett gesucht. Zurückgeblieben ist nur ein trockener Gang.
Ein trockener Schacht
An dieser Stelle hat sich einst ein Fluß in die Dunkelheit ergossen, aber Erosion und abgekippte Gesteinsschichten haben das Wasser in eine andere Richtung gelenkt. Auf diese Weise ist ein trockener Schacht entstanden.
Unterirdische „Eiszapfen“
Wenn Wasser durch das Dach einer Höhle einsickert, lagert sich von jedem Tropfen ein winziger Teil der in ihm enthaltenen Minerale ab. Es bilden sich Tropfsteine, die nach unten wachsen und die Form von Eiszapfen haben. Sie werden Stalaktiten genannt.
Die Erosion geht weiter
Gegenwärtig stürzt das Wasser des Flusses von der etwa 1 000 m entfernten Oberfläche herab. Aber es kann sein, daß er in ein paar Jahrhunderten sein Bett so weit ausgewaschen hat, daß er in noch größerer Tiefe fließt und der Gang dann trocken ist.

DIE ZU EIS ERSTARRTE LANDSCHAFT

Kaum jemand weiß, daß rund ein Zehntel der Erdoberfläche von Eis bedeckt ist. Eis bildet sich, wenn so viel Schnee fällt, daß sein eigenes Gewicht ihn zusammenpreßt, oder wenn Schnee taut und dann wieder gefriert. Natürlich kann sich Eis nur dort bilden, wo die Temperatur unter dem Gefrierpunkt liegt — an den Polen oder auf hohen Bergen. Fast die gesamte Antarktis, der Kontinent am Südpol der Erde, liegt unter einer Eisdecke, die anderthalbmal so groß ist wie die Vereinigten Staaten und stellenweise 4 000 m dick. Drei Viertel des Süßwassers der Erde liegen in Form von Eis auf dem Land.

Große Schneefelder auf den höchsten Bergen der Erde haben Tausende von Gletschern entstehen lassen. Das sind gewissermaßen Flüsse aus Eis, die ganz langsam fließen. Gewicht und Fluß eines Gletschers können eine Bergflanke aushöhlen, das Gestein abschleifen und sogar gewaltige Felsbrocken verschieben, die Hunderte von Tonnen wiegen. Einst bedeckten riesige Gletscher einen großen Teil der Erde und gaben Gegenden, die heute warm und eisfrei sind, ein völlig verändertes Aussehen.

Das unsichtbare Eis der Meere
Ein Eisberg ist ein riesiger Block aus gefrorenem Süßwasser, der vom Ende eines Gletschers abgebrochen ist und nun im Meer treibt. Er ist viel größer, als er aussieht, denn nur ungefähr ein Neuntel seiner Masse ragt über die Wasseroberfläche heraus.

Die gewaltigen „Flüsse aus Eis“
Wenn man wie hier einen Gletscher aus der Vogelperspektive betrachtet, kann man deutlich erkennen, wie dieses riesige „Fließband“ aus Eis die Landschaft formt. Im Durchschnitt legt ein Gletscher pro Tag eine Strecke von 1 m zurück; es gibt aber auch Gletscher, zum Beispiel in Kanada, die eine Fließgeschwindigkeit von 25 m pro Tag haben.

Die Zunge des Gletschers
Das untere Ende eines Gletschers, seine Zunge, kann sich auf tiefergelegenem Land, in einem See oder im Meer befinden. Da es dort wärmer ist, schmilzt das Eis mit der gleichen Geschwindigkeit, mit der es abwärts fließt. An Land verwandelt es sich in einen Fluß mit sehr kaltem Wasser.

Auf dem Rückzug
Dieser Gletscher wird kleiner, da er etwas schneller schmilzt, als sich neues Eis bildet. Der Gletscher hat Felsbrocken und Geröll mit sich geführt und liegengelassen. Diese sogenannte Endmoräne läßt erkennen, wie weit der Gletscher früher reichte.

Tiefe Spalten im Eis
Wenn das spröde Eis um eine scharfe Biegung oder über einen Kamm hinwegfließen muß, reißt es auf, und es entstehen tiefe, keilförmige Risse, die Gletscherspalten genannt werden. Die Spalten können bis zu 50 m tief und Hunderte von Metern lang sein.

Das Geröll an den Seiten
Das fließende Eis raspelt an dem unter ihm liegenden Gestein und reißt kleinere und größere Brocken mit sich. Ein Teil dieses Gerölls lagert sich als Seitenmoräne beiderseits des Gletschers ab.

Vom Eis geformte Landschaften

Vor Millionen von Jahren schnitten Gletscher in vielen Teilen der Welt U-förmige Täler wie das Yosemite Valley in den Vereinigten Staaten in die Landschaft. Kleinere Täler an den Flanken des Haupttals werden als Hängetäler bezeichnet. Das Eis kann auch die Flanken von Bergen so stark abtragen, daß wie am Monte Fitz Roy in den südlichen Anden steile Gipfel und scharfe Grate entstehen.

Yosemite Valley

Monte Fitz Roy

MEERE, GEZEITEN UND STRÄNDE

Wenn wir die Sommerferien an der See verbringen, ist der Himmel gewöhnlich blau, und das Meer plätschert sanft gegen den Strand. Ganz anders sieht es dort während eines Sturms im Winter aus. Dann wird die Küste zum Schlachtfeld. Hohe Wellen brechen über den Strand, schlagen mit unvorstellbarer Gewalt gegen Klippen und Felsen und reißen die abgebrochenen Brocken mit sich. Dabei richtet die Luft noch mehr Schaden an als das Wasser. Sie wird von den anrollenden Wellen unter starkem Druck in jede Spalte und Vertiefung des Gesteins gepreßt, was dazu führt, daß der Fels regelrecht gesprengt wird. An vielen Stellen nagt das Meer unaufhörlich am Land, und Meeresströmungen spülen das abgelöste Material fort. Andernorts, zum Beispiel in einem Delta (Seite 40) ist das Land Sieger. Der unaufhörliche Kampf zwischen den Elementen hat zur Folge, daß sich die Grenze zwischen Land und Meer immer wieder verändert. Im Laufe von Jahrhunderten werden Klippen abgetragen, manchmal werden sogar ganze Ortschaften vom Meer verschlungen. Herabgestürztes Gestein verstopft Wasserrinnen, vor der Küste bilden sich Sandbänke. Damit die Schiffe nicht auf Grund laufen, müssen die Karten der Küstengewässer ständig auf den neuesten Stand gebracht werden.

Aushöhlung und Überhang
An Meeresklippen kann man besonders gut erkennen, daß manche Gesteinsarten aus vielen Schichten bestehen. Stürme und Hochwasser höhlen den unteren Teil der Klippe aus, und eines Tages bricht das überhängende Gestein ab.

Von den Meereswellen umhergerollt
Größere und kleinere Steine werden von den Wellen ständig am Strand hin- und hergerollt. Im Laufe der Zeit werden sie zu kleineren Kieseln und schließlich zu winzigen Sandkörnchen.

Der Größe nach sortiert
In dieser Gegend haben Wind und Wellen die kleinen Sandkörnchen vor sich hergetrieben. Sie waren jedoch nicht kräftig genug, um auch größere Steine und Felsbrocken zu bewegen. Das Gestein ist also praktisch sortiert worden.

Zweimal täglich frisches Wasser
Vertiefungen in Gestein füllen sich mit Wasser. Sie werden Gezeitentümpel genannt, weil bei jeder Flut frisches Wasser einströmt und Nahrung für alle möglichen Tiere und Pflanzen mitbringt.

Muscheln am Strand
Die harten Kalkschalen von Meerestieren, wie zum Beispiel Muscheln, werden an den Strand gespült und allmählich von Wind und Wellen zermahlen.

Am Strand

An einer Meeresküste kann man die Auswirkungen der Erosion besonders gut beobachten. Der größte Teil des Sandes wurde von Flüssen ins Meer getragen und von Meeresströmungen an der Küste entlangbefördert. An anderen Stellen ist er durch Erosion der dahinterliegenden Klippen entstanden.

Der Wechsel der Gezeiten

Jeden Tag hebt sich der Meeresspiegel und senkt sich dann wieder. Für diesen Wechsel zwischen Flut und Ebbe ist die Schwerkraft des Mondes und der Sonne verantwortlich (Seite 10). Von einer Flut bis zur nächsten vergehen im Durchschnitt 12 Stunden und 25 Minuten. Der Wasserstand bei Flut kann mehr als 10 m höher sein als bei Ebbe.

Verlangsamung der Erosion

Um die Erosion zu verlangsamen, werden Wellenbrecher ins Meer hineingebaut. Sie fangen die Wellen auf, schwächen seitliche Strömungen ab und verringern die Menge des vom Wind verwehten Sandes. Außerdem schützen sie Tang, Muscheln und andere Meeresbewohner.

Hinter dem Strand

Vom Wind landeinwärts gewehte Sandkörnchen bilden Dünen. Den meisten Pflanzen gelingt es nicht, in dem lockeren Sand Wurzeln zu schlagen, aber einige, zum Beispiel der Strandhafer, können es. Sie halten den Sand zusammen und geben den Dünen Halt.

Meeresströmungen

Die Drehung der Erde um ihre eigene Achse, ihre Temperaturen und regelmäßig wehende Winde sind dafür verantwortlich, daß es in den Meeren starke Strömungen gibt. Diese Strömungen beeinflussen das Klima. So fließt zum Beispiel das warme Wasser des Golfstroms an der nordeuropäischen Küste entlang und sorgt dort für milde Winter.

LEBENDES GESTEIN IN DEN OZEANEN

Es gibt Tierchen, die es im Laufe von Tausenden von Jahren fertiggebracht haben, Felsen in den Ozeanen zu schaffen, die so groß sind, daß sie sogar vom Mond aus zu erkennen sind. Diese Tierchen sind die Korallen. Jede Koralle ist ein winziges Geschöpf mit einem Durchmesser von nur 2 oder 3 mm. Wenn es heranwächst, bildet es ein becherförmiges Außenskelett, das dem unteren Teil seines Körpers Schutz bietet und in das es sich zurückziehen kann. Dieses Außenskelett besteht zum größten Teil aus Kalziumkarbonat, das die Korallen dem Seewasser entnehmen. Dicht zusammengedrängt leben Tausende von Korallen nebeneinander, und ihre Außenskelette wachsen zusammen. Im Laufe von Jahrtausenden verbinden sich die Millionen von Skeletten mit Sand und anderer Materie, und es entsteht ein Kalksteinfelsen, ein sogenanntes Korallenriff. Das größte Korallenriff der Welt ist das 2 000 km lange Große Barriereriff vor der australischen Ostküste.

Das vielfältige Leben in einem Riff
Die meisten Korallen leben in den warmen, seichten Gewässern der Tropen, wo die Wassertemperatur 23—27 Grad Celsius beträgt. Die meisten Riffe gibt es im Karibischen Meer und im Indischen und im Pazifischen Ozean. Die Höhlen, Spalten und Nischen eines Korallenriffs bieten zahlreichen Geschöpfen einen idealen Lebensraum — Fischen, Krebsen, Muscheln und vielen anderen Meeresbewohnern. Auch die Korallen selbst sind sehr vielfältig — es gibt unzählige Arten in allen möglichen Farben.

Wo Korallen leben
Korallen leben in warmen und seichten Gewässern. Sie wachsen gewöhnlich am besten an der dem Wind zugewandten, ungeschützten Seite eines Riffs, denn dort belüften die anbrandenden Wellen das Wasser und verhindern, daß die Korallen im Schlamm ersticken.

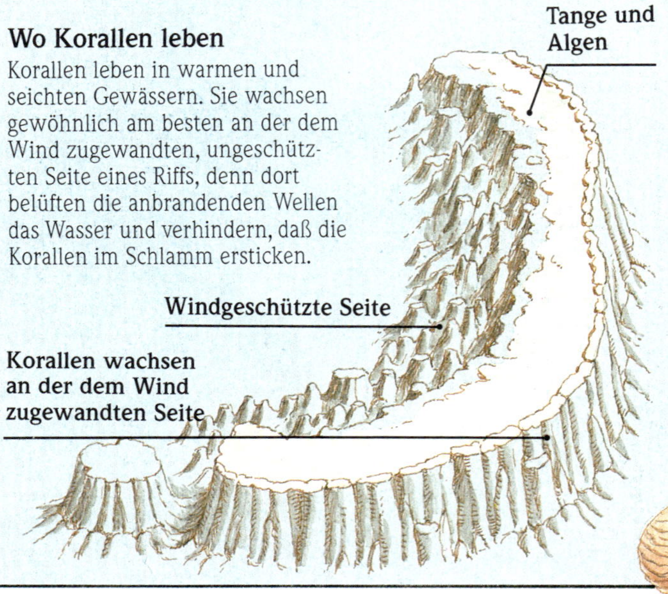

Blasenkorallen
Dieser Korallentyp wächst in Form rundlicher, blasenähnlicher Gebilde. Alle Korallen beschaffen sich ihre Nahrung nur nachts, indem sie ihre Fangarme oder Tentakel durchs Wasser schwenken und alle winzigen Pflanzen und Tierchen einfangen, die sie erreichen können.

Hirnkorallen
Die Außenskelette dieses Korallentyps haben eine gewellte Oberfläche, die so ähnlich aussieht wie ein menschliches Gehirn. Solange die Korallen leben, ist die Kolonie mit einer glänzenden Schicht aus lebendem Gewebe überzogen, die in vielen Farben leuchtet. Nach dem Tod der Tiere bleibt nur das weißliche Skelett übrig.

Steinkorallen
Die Außenskelette der Steinkorallen türmen sich zu flachen Kalksteingebilden auf. Aber nicht alle Korallen leben in Kolonien und bilden Riffe. Manche Arten setzen sich wie die Seeanemonen einzeln auf den Meeresboden oder heften sich an Steinen an.

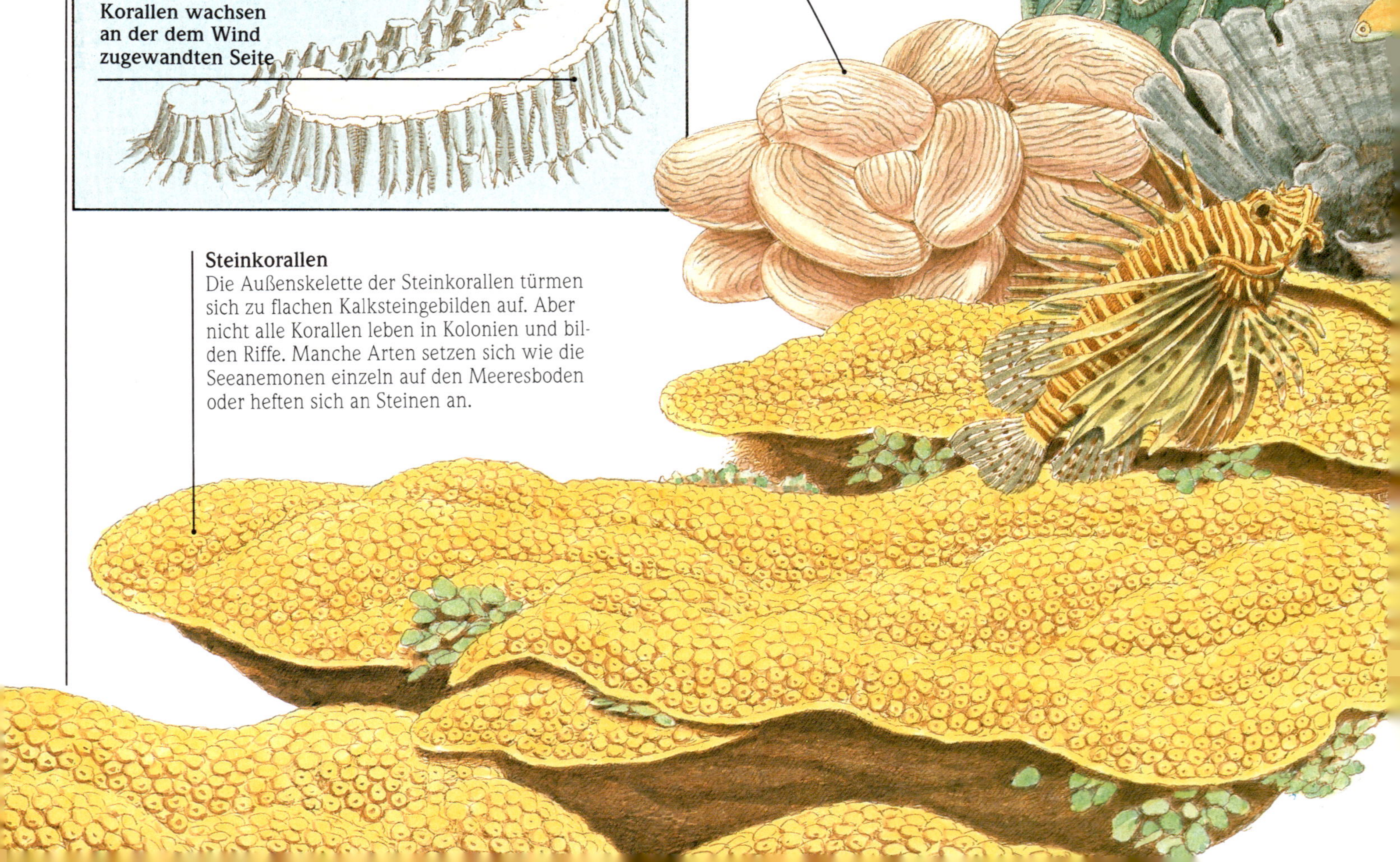

Fächerkorallen
Diese Korallen bilden vielfache verästelte Skelette. Zu dieser Gruppe gehört auch die Rote Edelkoralle, aus deren Skelett schon seit vielen Jahrhunderten Schmuckstücke angefertigt werden.

Die Farben der Korallen
Für die Farben der Korallen sind winzige Algen verantwortlich, die Zooxanthellen genannt werden. Das sind Organismen, die in den Körpern der Korallen leben.

Wie Korallen wachsen
Die Zooxanthellen im Körper einer Koralle helfen ihr bei der Verwertung von Nährstoffen. Dazu ist jedoch Sonnenlicht erforderlich, und das ist der Grund dafür, daß die meisten Korallen nur in seichten Gewässern leben können.

Lederkorallen
Diese Korallen scheiden anstelle eines becherförmigen Außenskeletts kleine Kalknadeln ab. Sie bilden verzweigte Stöcke, die nicht so hart wie die anderer Korallen, sondern eher lederartig sind.

Scharen von Korallen
Jedes Korallentierchen ist ein sogenanter Polyp. Viele Polypen leben gemeinsam in einer großen Schar zusammen, die als Kolonie bezeichnet wird. Das Außenskelett, das die Angehörigen der Kolonie gemeinsam absondern, ist der Stock.

Plattenkorallen
Die Stöcke dieses Korallentyps sehen aus wie Platten, die nebeneinandergestellt senkrecht vom Meeresboden aufragen. Zwischen den Platten finden Fische, Krebse und andere Meerestiere Zuflucht.

DIE GEHEIMNISSE DER ERDE

In früheren Zeiten erfüllte eine Sonnenfinsternis die Menschen in aller Welt mit Furcht und Entsetzen. Die alten Chinesen und Babylonier konnten zwar die Bewegung der Sonne und die Phasen des Mondes vorhersagen, wußten aber noch nicht, wie unser Sonnensystem beschaffen ist (Seite 8—11). Wenn der Mond zwischen Erde und Sonne hindurchzog und für kurze Zeit die Sonne verdunkelte, sahen die Menschen früherer Zeiten darin einen Hinweis auf den Zorn ihrer Götter.

Heute können die Wissenschaftler viele der geheimnisvollen Vorgänge auf unserem Planeten erklären. Wir wissen, daß Kräfte, die weit draußen im Weltraum vorhanden sind, die Geschehnisse auf der Erde beeinflussen. Ein Beispiel dafür sind die Nord- und die Südlichter, die in der Nähe der Pole wie ein riesiger bewegter Vorhang aus Licht am Nachthimmel erscheinen. Lange Zeit fragte man sich, wieso diese Lichter etwa alle 27 Tage aufleuchteten und dann wieder verblichen. Satelliten und Teleskope haben dafür eine Erklärung geliefert. Die Lichter sind elektrische Entladungen, die denen in einer Leuchtstoffröhre ähneln. Sie entstehen, wenn Gase hoch droben in der Atmosphäre vom Sonnenwind getroffen werden — einem Strom aus winzigen Teilchen, der mit hoher Geschwindigkeit von den Sonnenflecken ausgeht. Die Sonne dreht sich im Verlauf von 27 Tagen um ihre eigene Achse, und die Teilchen schießen aus den Sonnenflecken heraus wie der Scheinwerferstrahl eines Leuchtturms. Sie „scheinen" alle 27 Tage auf die Erde und bewirken die phantastischen Polarlichter.

Weltweite Wunder

Diese seltsamen Naturerscheinungen überall auf der Welt haben jahrhundertelang die Menschen in aller Welt verblüfft, aber heute können wir sie mit Hilfe moderner wissenschaftlicher Methoden erklären. Dennoch gibt es noch viele Naturerscheinungen, die genauer erforscht werden müssen, damit die Wissenschaftler zum Beispiel Wetter und Erdbeben genauer vorhersagen können.

Versteinerte Wälder
Diese Felsen in Arizona (USA) sehen aus wie abgebrochene Baumstämme. Vor 50 Millionen Jahren waren dies tatsächlich Bäume. Im Laufe der Zeit wurden sie unter Sedimenten begraben und versteinerten. Heute sind sie Steine, die aus Achat und Opal bestehen.

Bunte Wolken
„Perlmutter"-Wolken, die schillern wie das Innere einer Muschelschale, bilden sich in einer Höhe von ungefähr 30 km, wo es sehr kalt ist und die Temperatur minus 80 Grad Celsius betragen kann. Die Wolken bestehen aus Eiskristallen, die das Sonnenlicht in seine verschiedenen Farben aufspalten.

Nacht ohne Dunkelheit
Nördlich des Polarkreises verschwindet zumindest während einer Nacht im Sommer die Sonne nicht unter dem Horizont. Dafür ist die Neigung der Achse verantwortlich, um die sich die Erde dreht (Seite 11). Je näher man dem Nordpol kommt, desto mehr Tage mit „Mitternachtssonne" gibt es. Am Nordpol selbst ist es im Sommer rund sechs Monate lang hell und im Winter sechs Monate dunkel. Am Südpol der Erde ist es ebenso.

Eine Täuschung

Eine Luftspiegelung oder Fata Morgana ist etwas, das da zu sein scheint, sich in Wirklichkeit aber ganz woanders befindet. Manche Luftspiegelungen kommen dadurch zustande, daß das Licht von sehr warmer Luft dicht über dem Boden so stark abgelenkt wird, daß es einen Betrachter erreicht, der Hunderte von Kilometern entfernt ist.

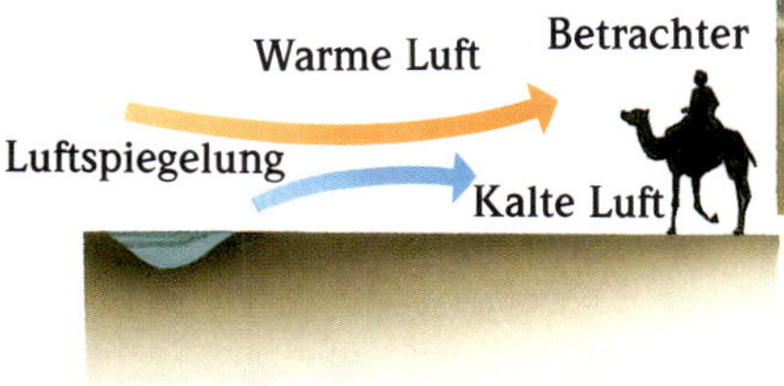

Sonnenfinsternis

Da der Mond um die Erde kreist und die Erde um die Sonne, kommt es gelegentlich vor, daß der Mond vor der Sonne vorbeizieht und sie vorübergehend verdunkelt.

Vorhänge aus Licht

Ungefähr alle 27 Tage leuchtet der Nachthimmel in der Nähe der Pole farbig auf. Die Unterkante des „Vorhangs“ aus Licht befindet sich in einer Höhe von etwa 100 km, seine Oberkante kann bis in Höhen von 300 km hinaufragen.

Nordlicht
(Aurora borealis)

Südlicht
(Aurora australis)

Es schneit in der Wüste

Gelegentlich wehen hoch droben in der Atmosphäre heftige kalte Winde, die bewirken, daß in normalerweise heißen Wüstengegenden Schnee fällt, der sich auf den Sand und die Pflanzen legt. Er schmilzt jedoch schnell wieder, und das Wasser versickert im Boden oder verdunstet in der Wärme.

Großer und kleiner Mond

Fotos erwecken den Eindruck, daß der Mond zu bestimmten Zeiten „größer“ wird. Das liegt daran, daß er die Erde nicht auf einer kreisrunden, sondern auf einer länglichen oder elliptischen Bahn umkreist. Je näher der Mond an die Erde herankommt, desto größer kommt er uns vor.

WERTVOLLE ROHSTOFFE

In der Erdkruste befinden sich Rohstoffe, auf die die moderne Welt angewiesen ist. Erdöl, Erdgas und Kohle liefern Energie. Aus Metallen wie Eisen (zur Stahlerzeugung) und Aluminium werden Flugzeuge, Eisenbahnen, Autos und alle möglichen Maschinen gebaut. Sand, Kies und Steine brauchen wir zum Bauen. Daneben verarbeiten wir noch zahlreiche andere Substanzen, vom Schwefel, mit dem Autoreifen gehärtet werden, bis hin zum Silizium, aus dem Computerchips hergestellt werden.

Von allen Rohstoffen der Erde ist das Erdöl wahrscheinlich derjenige, der am meisten gebraucht wird und deshalb am wertvollsten ist. Erdöl ist aus den Überresten winziger Pflanzen und Tiere entstanden, die sich im Lauf von Millionen von Jahren auf dem Meeresboden abgelagert haben. Wenn das Öl gefördert wird, ist es eine dunkle, zähe Flüssigkeit, die wir Rohöl nennen. Dieses Rohöl wird in einer sogenannten Raffinerie in seine verschiedenen Bestandteile aufgespalten und kann dann für eine Vielzahl von Zwecken verwendet werden — in Form von Benzin, Diesel und Kerosin als Treibstoff, zur Stromerzeugung in Kraftwerken, als Schmieröl und als Grundstoff zur Herstellung vieler Dinge — Kunstfasern, Waschmittel, Kunststoffe aller Art und sogar der Druckerschwärze auf dieser Seite.

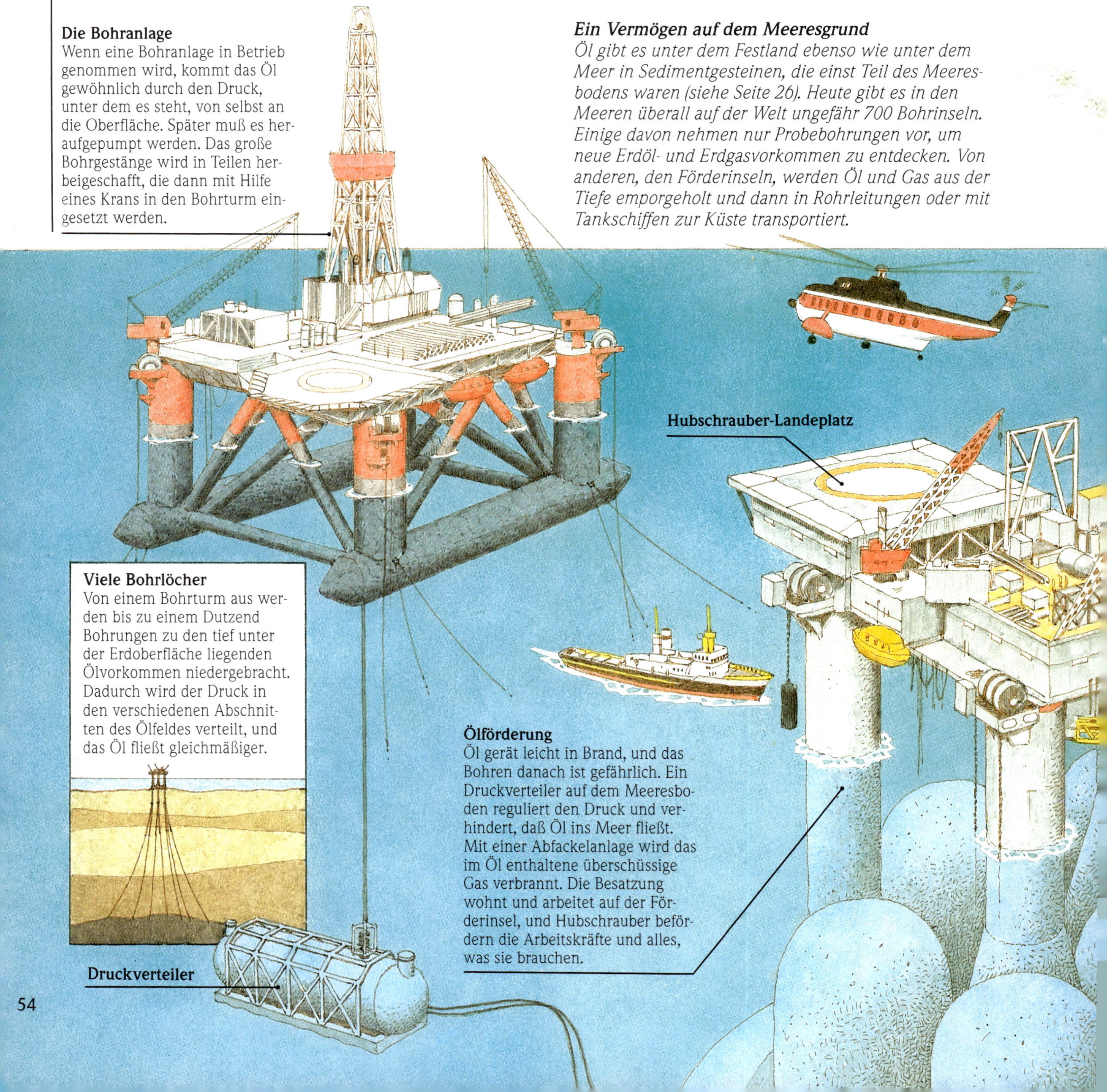

Die Bohranlage
Wenn eine Bohranlage in Betrieb genommen wird, kommt das Öl gewöhnlich durch den Druck, unter dem es steht, von selbst an die Oberfläche. Später muß es heraufgepumpt werden. Das große Bohrgestänge wird in Teilen herbeigeschafft, die dann mit Hilfe eines Krans in den Bohrturm eingesetzt werden.

Ein Vermögen auf dem Meeresgrund
Öl gibt es unter dem Festland ebenso wie unter dem Meer in Sedimentgesteinen, die einst Teil des Meeresbodens waren (siehe Seite 26). Heute gibt es in den Meeren überall auf der Welt ungefähr 700 Bohrinseln. Einige davon nehmen nur Probebohrungen vor, um neue Erdöl- und Erdgasvorkommen zu entdecken. Von anderen, den Förderinseln, werden Öl und Gas aus der Tiefe emporgeholt und dann in Rohrleitungen oder mit Tankschiffen zur Küste transportiert.

Viele Bohrlöcher
Von einem Bohrturm aus werden bis zu einem Dutzend Bohrungen zu den tief unter der Erdoberfläche liegenden Ölvorkommen niedergebracht. Dadurch wird der Druck in den verschiedenen Abschnitten des Ölfeldes verteilt, und das Öl fließt gleichmäßiger.

Ölförderung
Öl gerät leicht in Brand, und das Bohren danach ist gefährlich. Ein Druckverteiler auf dem Meeresboden reguliert den Druck und verhindert, daß Öl ins Meer fließt. Mit einer Abfackelanlage wird das im Öl enthaltene überschüssige Gas verbrannt. Die Besatzung wohnt und arbeitet auf der Förderinsel, und Hubschrauber befördern die Arbeitskräfte und alles, was sie brauchen.

Gebrauchsfertig oder Erz?

Einige Rohstoffe, wie zum Beispiel Kohle, kommen sozusagen „gebrauchsfertig“ aus der Erde. Aber die meisten Metalle sind in Gestein enthalten und mit Mineralen und anderen Substanzen vermischt. Als Erz bezeichnet man ein Gestein, das von einer wertvollen Substanz (in der Regel Metall) so viel enthält, daß sich der Abbau lohnt. Eisenerze bestehen zu zwei Dritteln aus Eisen, während der Kupfergehalt bei den meisten Kupfererzen nur ein oder zwei Prozent beträgt. Je weniger konzentriert eine Substanz ist, desto mehr Erz muß abgebaut werden. Bei einer „reinen“ Goldader werden aus jeder Tonne Gestein nur etwa 20 Gramm Gold gewonnen.

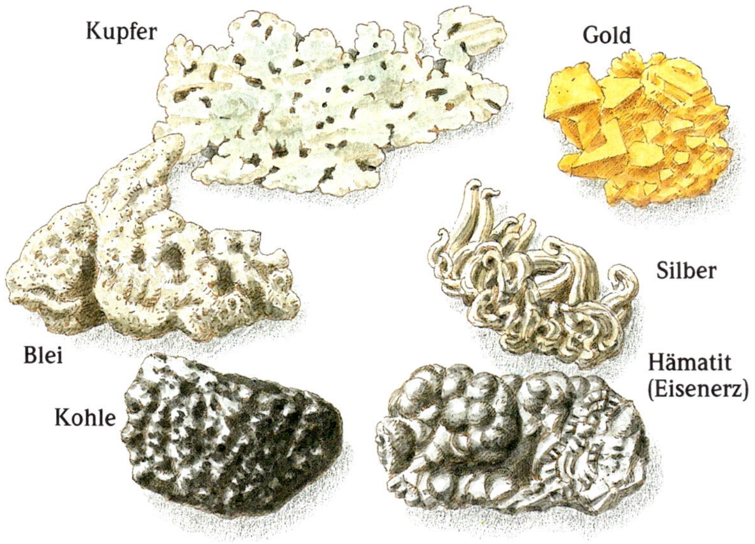

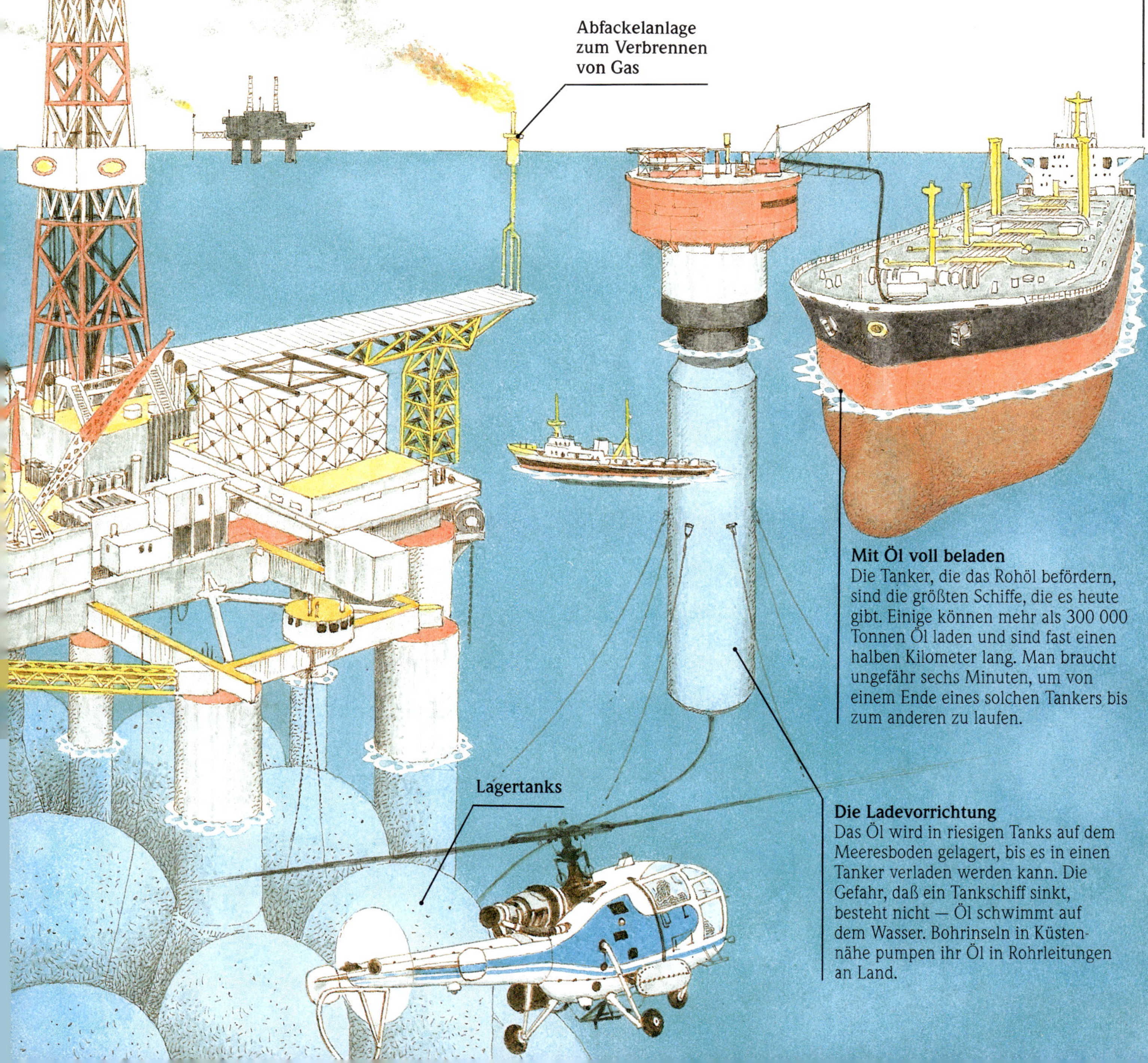

Mit Öl voll beladen

Die Tanker, die das Rohöl befördern, sind die größten Schiffe, die es heute gibt. Einige können mehr als 300 000 Tonnen Öl laden und sind fast einen halben Kilometer lang. Man braucht ungefähr sechs Minuten, um von einem Ende eines solchen Tankers bis zum anderen zu laufen.

Die Ladevorrichtung

Das Öl wird in riesigen Tanks auf dem Meeresboden gelagert, bis es in einen Tanker verladen werden kann. Die Gefahr, daß ein Tankschiff sinkt, besteht nicht – Öl schwimmt auf dem Wasser. Bohrinseln in Küstennähe pumpen ihr Öl in Rohrleitungen an Land.

SCHATZKAMMER DER ERDE

„Schönheit liegt im Auge des Betrachters.“ Wenn genügend Betrachter meinen, daß etwas schön ist und wenn das Schöne außerdem noch selten ist, dann wird es für kostbar gehalten. Edelsteine sind natürliche Minerale, die kostbar sind wegen ihrer Schönheit, Seltenheit und Dauerhaftigkeit und der Art und Weise, auf die sie geschliffen und poliert werden können (siehe unten). Jeder Edelstein wird auf eine für ihn typische Art geschliffen; dabei kommen winzige Flächen zum Vorschein, die Facetten genannt werden. Jede Facette ist leicht gegen die anderen Facetten geneigt, so daß das Licht immer wieder reflektiert wird und den Edelstein auf die für ihn typische Weise funkeln läßt.

In der Erdkruste gibt es etwa 3 000 verschiedene Minerale. Davon fallen nur rund 100 durch ihre Farbe, ihre Struktur und ihr Funkeln auf und könnten deshalb Edelsteine genannt werden, aber nur 15—20 von ihnen werden für Schmuckstücke, als Verzierungen und für Schnitzereien verwendet. Als erstes muß das edelsteinhaltige Gestein abgebaut werden. Die meisten Edelsteine sind selten, und um Edelsteine zu finden, die das Aufheben lohnen, müssen oft viele Tonnen Gestein durchgesehen werden. In einer Diamantmine findet sich in 25 Tonnen Gestein durchschnittlich ein Gramm Diamanten, und die meisten davon sind so klein, daß man sie kaum sieht. Danach müssen die Edelsteine, die im Naturzustand rauh und oft unscheinbar sind, geschliffen und poliert werden, damit ihre Farbe, ihre Leuchtkraft und ihr Glanz voll zur Geltung kommen. Einige Edelsteine haben auch praktischen Wert. Diamanten und Granate zum Beispiel sind so hart, daß sie in der Industrie als Schleifmittel und Schneidewerkzeuge verwendet werden.

Eine unbezahlbare Kollektion

Die meisten der hier abgebildeten Edelsteine haben sich im Lauf von Jahrmillionen unter dem starken Druck und den hohen Temperaturen gebildet, die auch das sie umgebende Gestein entstehen ließen. Daneben gibt es noch andere kostbare Substanzen, die wie Perlen, Bernstein oder Elfenbein von Lebewesen gebildet wurden und deshalb nicht als Edelsteine bezeichnet werden können.

In Bernstein eingeschlossenes Insekt

Bernstein (links)
Die alten Griechen hielten Bernstein für die verhärteten Strahlen eines Sonnenuntergangs. In Wirklichkeit besteht er aus dem versteinerten Harz von Nadelbäumen, die vor 40 bis 60 Millionen Jahren auf der Erde wuchsen.

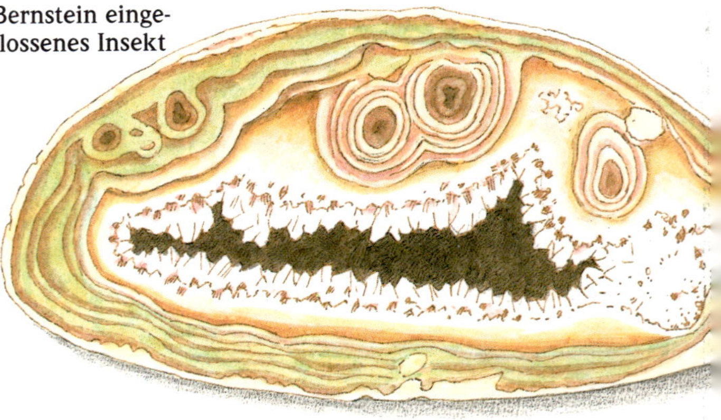

Achat (oben)
Dies ist eine Abart des Quarz. Sie entstand, als sich in geschmolzenem Gestein eingeschlossene Gasblasen allmählich mit Schichten von Quarz füllten, der durch Spuren von Eisen und anderen Elementen gefärbt war.

Jade (oben)
Polierte Jade hat ein glasartiges Aussehen und eine warme, meistens grünliche Farbe. Sie wurde schon sehr früh, vor allem von den Chinesen, zu Plastiken, Schmuckstücken, Messern und anderen Werkzeugen verarbeitet.

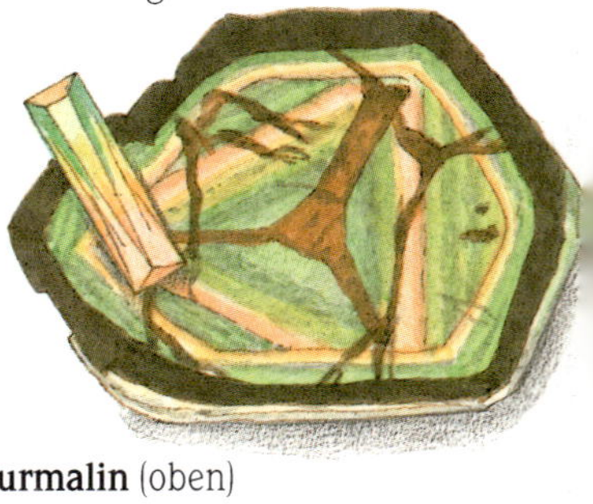

Turmalin (oben)
Turmalin bildet nadel- oder säulenförmige Kristalle mit drei, sechs oder neun Flächen. Er kommt in vielen verschiedenen Farbvarianten von Farblos bis Schwarz vor.

Geschliffener Quarz

Das häufigste Mineral
Quarz (Siliziumdioxid) ist das Mineral, das auf der Erde am reichlichsten vorhanden ist. Nur selten bildet es durchsichtige, farblose Kristalle, die einen Wert als Edelsteine haben.

Türkis (oben)
Türkise sind nicht klar, sondern eher undurchsichtig und von leuchtend blaugrüner Farbe. Sie werden gewöhnlich so geschliffen und poliert, daß sie eine abgerundete, eiähnliche Form bekommen.

Geschliffener Diamant

Diamant (oben)
Der Diamant ist die härteste Substanz, die in der Natur vorkommt. Der größte Rohdiamant war der Cullinan, der 1905 in Südafrika gefunden wurde. Er wog 3 106 Karat. (Karat ist die Gewichtseinheit für Edelsteine; ein Karat entspricht 0,2 Gramm.)

Lapislazuli (unten)
Lapislazuli wurde schon von den ägyptischen Pharaonen als Edelstein geschätzt. Es ist ein metamorphes, aus Kalkstein entstandenes Mineral. Früher wurde Lapislazuli zu Pulver zerrieben und mit Öl vermischt und lieferte dann den einst von den Malern viel verwendeten blaugrünen Farbstoff Ultramarin.

Geschliffener Granat

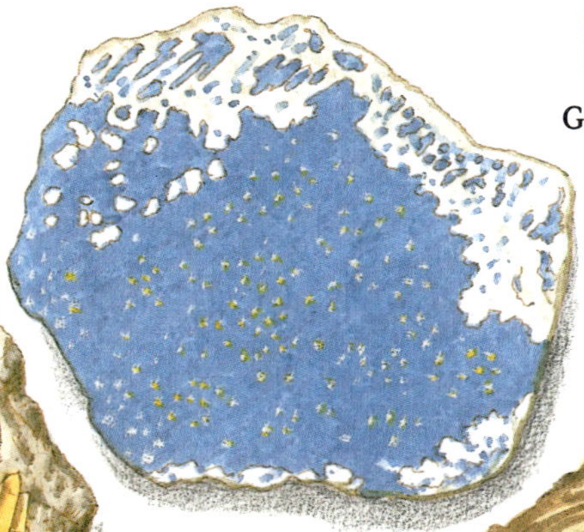

Granat (oben)
Granat ist ein Edelstein, der in sehr vielen Varianten und allen möglichen Farben außer Blau vorkommt. Er ist sehr hart, und Granatsplitter werden wie Diamanten von der Industrie zur Herstellung von Schleifmitteln verwendet.

Topas (oben)
Goldgelbe Topase sind am wertvollsten, es gibt sie jedoch auch in Blau- und Brauntönen. Topas besteht aus Siliziumoxid sowie Aluminium oder Fluor, die ihm seine Farbe geben.

Opal (oben)
Das milchige Innere eines Opals scheint in allen Farben des Regenbogens zu schillern. Für dieses Schillern sind Wasserschichten verantwortlich, in die winzige Quarzperlen eingebettet sind. Die am höchsten geschätzten Abarten sind die schwarzen und die sogenannten „Feueropale".

Geschliffener Rubin

Rubin (oben)
und **Saphir** (rechts)
Rubin ist eine klare Form des Minerals Korund, das durch Spuren des Metalls Chrom tiefrot gefärbt wurde. Saphir, eine weitere Form des Korund, hat durch Eisen und Titan eine bläuliche Färbung erhalten. Rubine und Saphire gehören zu den wertvollsten Edelsteinen.

Geschliffener Beryll

Perlen (links)
Wenn in eine Muschelschale ein Sandkörnchen oder ein Parasit eindringt, scheidet die Muschel eine milchige Substanz aus, die sich um den Fremdkörper herum ablagert. So entsteht das, was wir als Perle bezeichnen. Je größer und vollkommener gerundet eine Perle ist, desto wertvoller ist sie.

Beryll (links)
und **Smaragd** (oben)
Berylle bilden sich in Form sechsseitiger Kristalle in metamorphen Gesteinen. Diese Kristalle können sehr groß sein und Längen bis zu 6 m erreichen. Smaragd ist ein sehr kostbarer, grüner Beryll.

DIE VERSCHMUTZUNG UNSERES PLANETEN

In unserer übervölkerten Welt wird eine immer größere Menge der natürlichen Rohstoffe der Erde verbraucht. Die Folge davon ist eine Verschmutzung der Umwelt. Die hauptsächlichen Probleme sind:

Saurer Regen (siehe unten): Viele Wälder, darunter die großen Nadelwälder in Nordeuropa und Nordkanada, sind krank und sterben infolge sauren Regens ab, der seinen Ursprung in viele hundert Kilometer entfernten Industriegebieten hat.

Der Treibhauseffekt: Bei der Verbrennung von Benzin oder Kohle, Waldbränden und ähnlichen Vorgängen bildet sich ein Gas, das Kohlendioxid. Seine Menge nimmt allmählich zu, und die Wissenschaftler weisen darauf hin, daß das zusätzliche Kohlendioxid die Sonnenwärme auf die gleiche Weise am Entweichen aus der Atmosphäre hindert, wie Glas verhindert, daß Wärme aus einem Treibhaus entweicht. Dadurch werden die Temperaturen der Erde allmählich steigen, was verheerende Auswirkungen auf das Klima, auf die Landwirtschaft und auf alle Tiere und Pflanzen haben wird.

Radioaktive Verseuchung: Kernkraftwerke erzeugen billigen Strom, und für ihren Betrieb werden weder Kohle noch Erdöl verbraucht. Das große Problem besteht jedoch darin, die radioaktiven Abfälle so zu beseitigen, daß sie keine künftige Gefahr darstellen.

Auf Kosten der Erde

In jeder Stadt gibt es Fabriken, Kraftwerke, Müllkippen und Abwasserkanäle. Sie sind ein Teil der modernen Welt und ermöglichen uns das Leben und den Luxus, den wir für selbstverständlich halten. Aber auf der Erde gibt es Tausende von Städten. Wie lange kann unser Planet die von ihnen ausgehende Umweltverschmutzung noch verkraften?

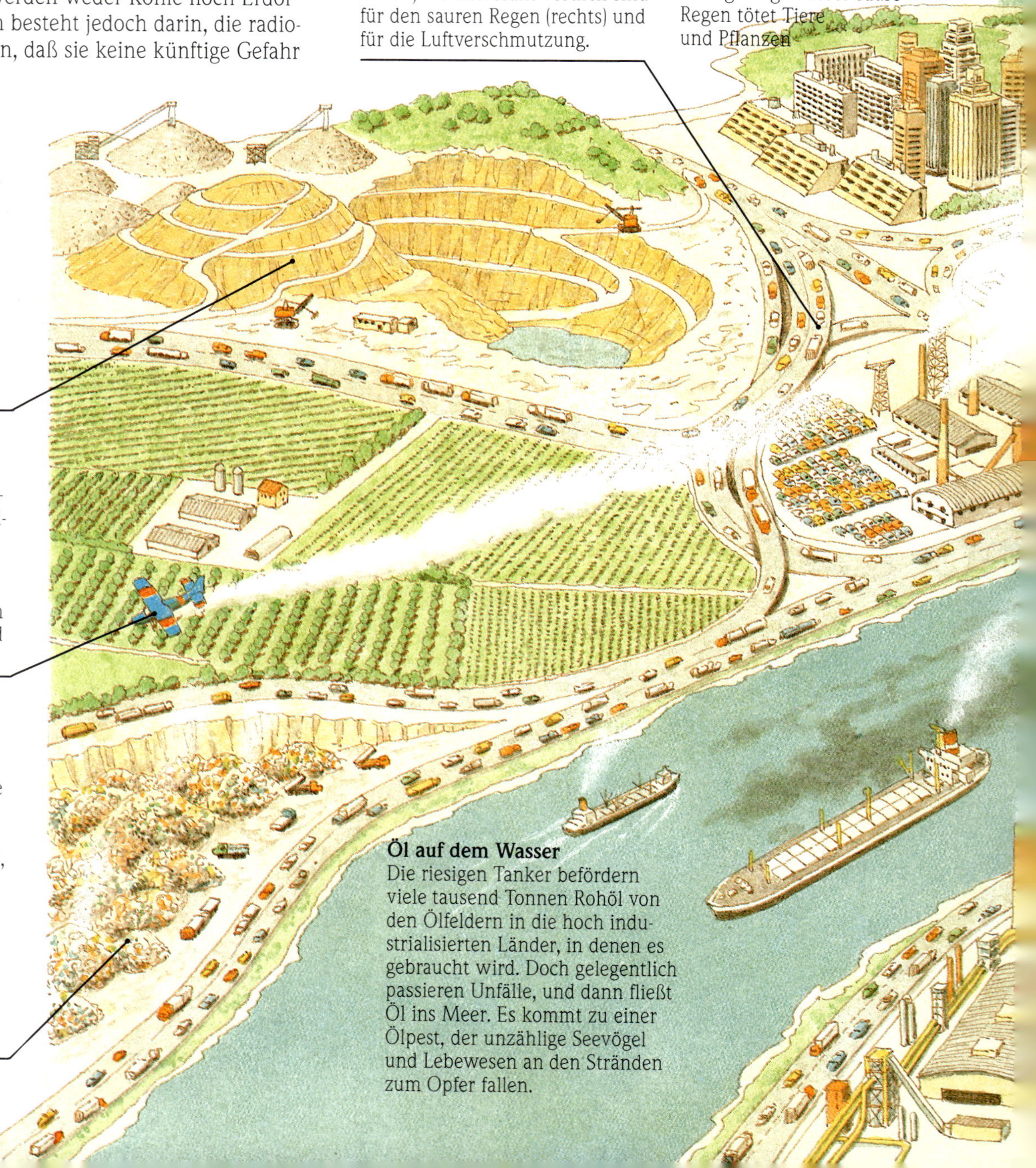

Die Verschandelung der Landschaft
Wo wertvolle Vorkommen wie Kohle und Erze nahe der Erdoberfläche zu finden sind, werden sie im Tagebau gewonnen. Erfreulicherweise werden die meisten dieser riesigen Gruben und Steinbrüche von den Bergbau- und Steinbruchgesellschaften in neuerer Zeit wieder zugeschüttet und in natürliche Landschaften zurückverwandelt.

Vom Winde verweht
Mit Hilfe von Düngemitteln, Unkrautvernichtern und Pflanzenschutzmitteln werden in der Landwirtschaft höhere Erträge erzielt. Aber diese Chemikalien wirken auch auf andere Pflanzen ein und bringen viele Tiere um. Außerdem gelangen sie ins Grundwasser und vergiften Flüsse und Seen.

Unzerstörbarer Müll
Unsere Gesellschaft erzeugt riesige Mengen von Müll. Verpackungen, Dosen, Möbel, Kühlschränke, Autos und vieles andere wird einfach „weggeworfen“. Ein Teil davon wird verbrannt oder verrottet, wenn es vergraben wird, aber Kunststoffe verrotten und verbrennen nicht. Ihre Menge wird immer größer, und wenn keine Methode zu ihrer gefahrlosen Vernichtung gefunden wird, werden sie den Planeten auch in künftigen Jahrhunderten noch verschmutzen.

Der Ölverbrauch
Wenn wir weiterhin so viele Kraftstoffe verbrauchen, wird das Öl, aus dem sie hergestellt werden und das zu seiner Entstehung Millionen von Jahren gebraucht hat, in weniger als einem Jahrhundert alle sein. Die Auspuffgase von Kraftfahrzeugen enthalten Chemikalien, die mitverantwortlich sind für den sauren Regen (rechts) und für die Luftverschmutzung.

Was emporsteigt . . .
Abgase von Kraftfahrzeugen, Kraftwerken und Fabriken steigen empor, und die in ihnen enthaltenen Chemikalien lösen sich in den Wassertröpfchen der Wolken. Auf diese Weise entsteht Schwefelsäure, die dann — vielleicht Hunderte von Kilometern entfernt — mit dem Regen auf die Erde gelangt. Dieser saure Regen tötet Tiere und Pflanzen

Öl auf dem Wasser
Die riesigen Tanker befördern viele tausend Tonnen Rohöl von den Ölfeldern in die hoch industrialisierten Länder, in denen es gebraucht wird. Doch gelegentlich passieren Unfälle, und dann fließt Öl ins Meer. Es kommt zu einer Ölpest, der unzählige Seevögel und Lebewesen an den Stränden zum Opfer fallen.

Vergeudete Wärme

Die Schadstoffe aus Kohlekraftwerken sind eine der Hauptursachen des sauren Regens (links). Viele Kohlekraftwerke arbeiten zudem unwirtschaftlich. Sie geben aus ihren gewaltigen Kühltürmen riesige Wärmemengen in Form von Dampf ab, der zum Beheizen von Gebäuden in der Umgebung genutzt werden könnte.

Schmutziges Wasser

Abwässer, Chemikalien und andere Industrieabfälle gelangen in die Flüsse und durch sie ins Meer. Wenn sie nicht sachgemäß unschädlich gemacht werden, töten sie Fische und andere Meerestiere. Außerdem können sie die Menschen krank machen, die das Wasser benutzen.

Die Atomgefahr

Ein Schaden an einem Kernkraftwerk oder das Zünden eines Atomsprengkörpers würden unsichtbare, aber todbringende Radioaktivität freisetzen. Alles Leben in der näheren Umgebung würde vernichtet, und noch in vielen hundert Kilometern Entfernung würden Menschen erkranken.

Sparsamer Umgang mit Rohstoffen

Eines Tages werden die Vorräte der Erde an Öl, Kohle, Gas und anderen natürlichen Rohstoffen erschöpft sein, sofern wir bis dahin keine besseren und wirtschaftlicheren Methoden erfunden haben, uns das zu beschaffen, was in unserer modernen Gesellschaft gebraucht wird. Elektrischer Strom kann auch aus heißem Gestein tief unter der Erdoberfläche oder durch die Ausnutzung der Sonnenwärme gewonnen werden (Seite 60). Metall, Glas, Papier und andere Substanzen können wiederverwertet werden.

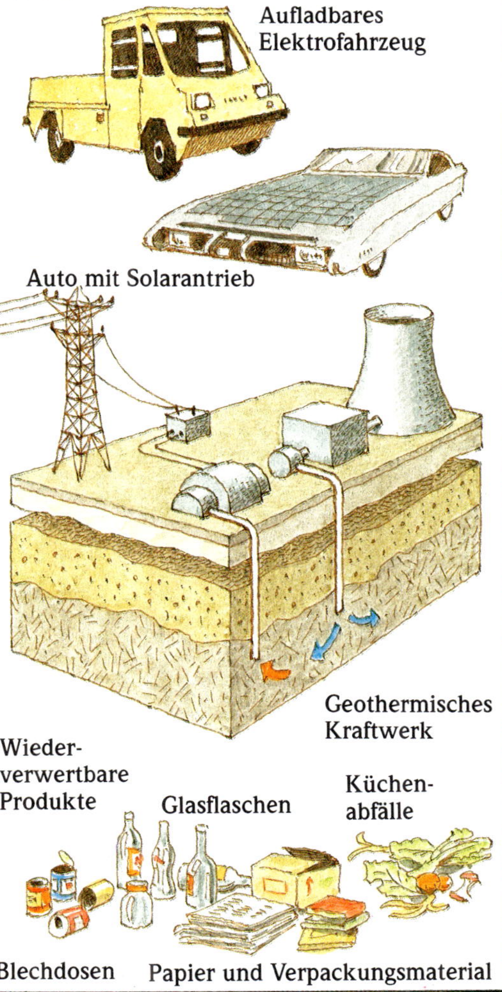

Fabriken und Industrieanlagen

Von der Industrie werden nicht nur Waren erzeugt, sondern auch Abgase und andere schädliche Nebenprodukte. Außerdem verbraucht sie riesige Mengen von Rohstoffen und Energie.

Verschmutzung in der Höhe

In jeder Minute verbrennen Flugzeuge hoch über der Erde Tonnen von Kerosin, das aus dem unersetzlichen Erdöl gewonnen wird. Aus ihren Triebwerkdüsen kommen Abgase und unverbrannter Treibstoff, die die oberen Schichten der Atmosphäre verschmutzen.

ALTERNATIVE ENERGIE

Die Rohstoffe, die uns heute fast unsere gesamte Energie liefern — Kohle, Erdöl und Erdgas —, werden nicht ewig reichen. Deshalb wird nach anderen Möglichkeiten der Energieerzeugung gesucht, die die Umwelt weniger belasten und außerdem unerschöpflich sind. In vielen Ländern gibt es bereits Wasserkraftwerke, bei denen die in fließendem Wasser steckende Kraft in elektrischen Strom umgewandelt wird. Eine andere Möglichkeit stellt die Ausnutzung der Kraft von Ebbe und Flut dar. Ein Gezeitenkraftwerk am Fluß Rance in Nordfrankreich erzeugt 240 Megawatt Strom — genug für die Versorgung einer kleinen Stadt. Die in der Natur vorhandene Energie wird fast immer in elektrischen Strom umgewandelt, weil dieser mit Hilfe von Kabeln bequem, lautlos und ohne Umweltverschmutzung dahin befördert werden kann, wo er gebraucht wird. Aber viele Formen natürlicher Energie — zum Beispiel die Gezeiten, der Wind und die Sonne — können nur an Orten genutzt werden, wo die Gezeiten besonders stark auftreten, kräftige, beständige Winde wehen oder die Sonne reichlich scheint. Außerdem bildet eine von Solarzellen oder Windmühlen übersäte Landschaft nicht gerade einen hübschen Anblick, und das Schwirren der Windmühlenflügel ist eine ständige Lärmbelästigung.

Die Quelle aller Energie
Die hier gezeigten energieerzeugenden Anlagen sind letzten Endes alle von der Sonne abhängig. Einige machen von ihrem Licht oder ihrer Wärme direkten Gebrauch. Andere nutzen den Wind aus, der entsteht, weil die Sonne die Atmosphäre erwärmt. Selbst für das Herabstürzen von Wasser ist die Sonne verantwortlich, denn sie läßt Wasser von der Erde verdunsten, das dann Wolken bildet und in Form von Regen wieder auf die Erde gelangt.

Herabstürzendes Wasser
Ein Wasserrad dreht sich, weil die Schwerkraft das Wasser nach unten zieht. Einst setzten Wasserräder Mühlsteine in Bewegung oder pumpten Wasser auf die Felder. Heute treibt herabstürzendes Wasser die Blätter von Turbinen an, mit deren Hilfe in einem Wasserkraftwerk Strom erzeugt wird.

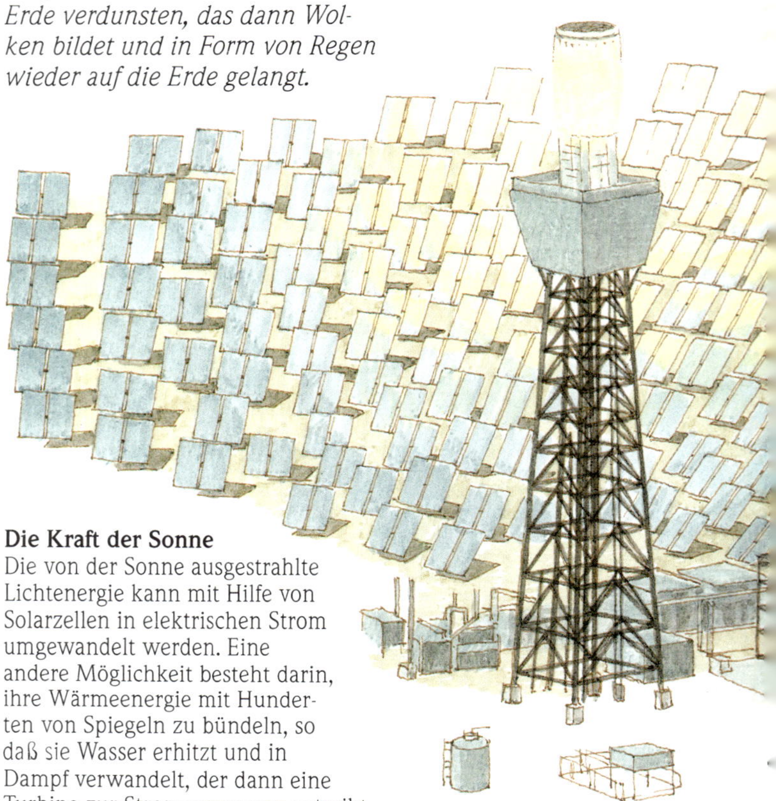

Die Kraft der Sonne
Die von der Sonne ausgestrahlte Lichtenergie kann mit Hilfe von Solarzellen in elektrischen Strom umgewandelt werden. Eine andere Möglichkeit besteht darin, ihre Wärmeenergie mit Hunderten von Spiegeln zu bündeln, so daß sie Wasser erhitzt und in Dampf verwandelt, der dann eine Turbine zur Stromerzeugung antreibt.

Rotierende Flügel
Noch vor einem Jahrhundert waren Windmühlen ein vertrauter Anblick. Sie erfüllten viele Aufgaben, darunter das Zermahlen von Getreide zu Mehl. Dann trat aus Kohle und Erdöl gewonnene Energie an die Stelle des Windes, und die meisten Windmühlen wurden nicht mehr gebraucht.

Windmühlen der Zukunft?
Vielleicht wird die Kraft des Windes eines Tages eine der Lösungen unseres Energieproblems darstellen. Diese modernen Windmühlen, so hoch wie zehnstöckige Häuser, wurden von Computern entworfen und aus Leichtmetallen und Kohlenstoffasern gebaut. Die von ihnen erzeugte Energie wird in elektrischen Strom umgewandelt.

Gleiten durch die Luft
Bei geeignetem Wetter kann der Pilot eines Hanggleiters an Höhe gewinnen, indem er in einem Aufwind, einer Säule aus aufsteigender Warmluft, kreist. Auf diese Weise kann er viele Kilometer weit fliegen, ohne irgendwelchen Treibstoff zu verbrauchen.

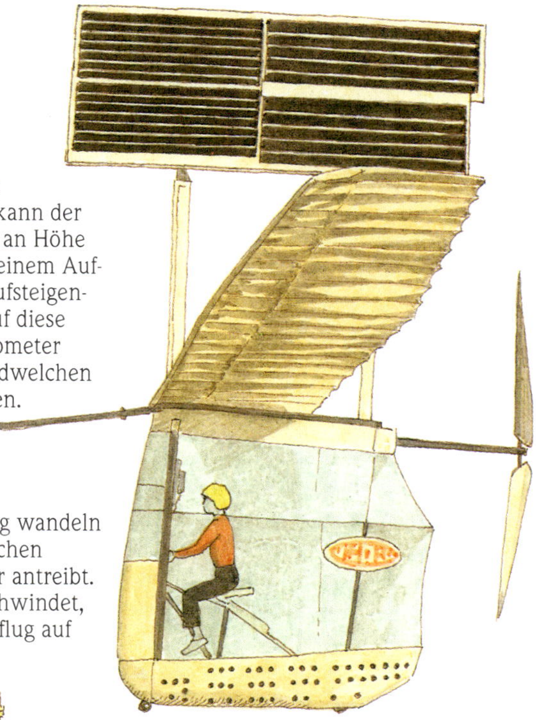

Das Solarflugzeug
Bei diesem Versuchsflugzeug wandeln Solarzellen Licht in elektrischen Strom um, der den Propeller antreibt. Aber wenn die Sonne verschwindet, kehrt das Flugzeug im Gleitflug auf die Erde zurück.

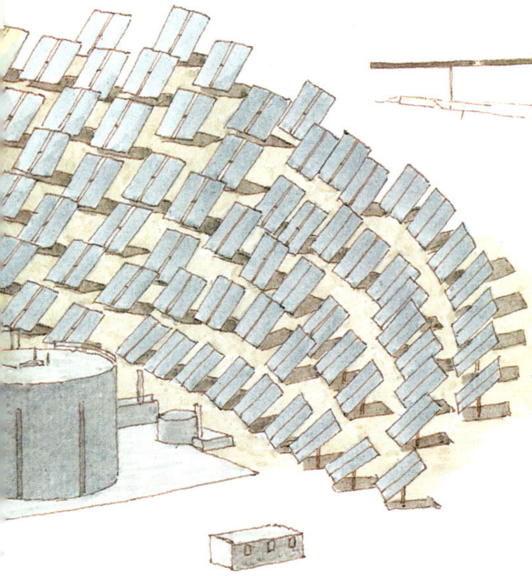

Die Windfarm
Im amerikanischen Bundesstaat Kalifornien stehen in einem besonders windigen Tal Tausende von Windmühlen. Sie erzeugen so viel Strom, daß 100 000 Häuser damit versorgt werden können. Mittelgroße Windmühlen wie diese (deren Flügel einen Durchmesser von 45 m haben) sind billiger und leichter zu bauen als ein paar Riesenwindmühlen, die die gleiche Menge Strom erzeugen.

Die Wiederkehr der Segel
In jüngster Zeit sind verschiedene Frachtschiffe mit speziell konstruierten Segeln ausgestattet worden, um Treibstoffkosten zu sparen. Wenn der Wind nachläßt, werden die Segel zusammengeklappt. Computer sorgen dafür, daß Segelkraft und Maschinenkraft auf die jeweils wirtschaftlichste Art miteinander kombiniert werden.

GLOSSAR

Kursiv gesetzte Begriffe erscheinen in diesem Glossar als eigene Stichworte.

Achse
Eine gedachte Linie, die sich von Pol zu Pol durch die Erde erstreckt und um die sie sich jeden Tag einmal dreht.

Äquator
Eine gedachte Linie, die sich an der Stelle ihrer größten Ausdehnung um die Erde zieht und von der *Achse* im rechten Winkel geschnitten wird.

Asthenosphäre
Der unmittelbar unter der *Lithosphäre* liegende Teil des Erdmantels; sie besteht aus heißem, geschmolzenem Gestein.

Atmosphäre
Die Mischung aus Gasen, Wolken und Staub, die die Erde wie eine Hülle umgibt.

Chrom
Ein chemisches Element, das in manchen *Mineralen,* zum Beispiel in Rubinen, enthalten ist und ihre Farbe beeinflußt.

Delta
Das in der Regel wie ein Dreieck geformte Flachland, durch das sich ein großer Fluß ins Meer ergießt.

Erdöl
Ein Rohstoff, der sich unter der Erdoberfläche findet und in Benzin, Heizöl und viele andere Bestandteile aufgespalten werden kann. Erdöl hat sich vor langer Zeit aus verrotteten Tieren und Pflanzen gebildet.

Erosion
Die allmähliche Abtragung der Erdoberfläche durch Regen, Wind, Eis und andere Naturkräfte.

Eruptivgestein
Wird auch magmatisches oder Erstarrungsgestein genannt und hat sich gebildet, wenn geschmolzenes Gestein *(Magma)* an die Erdoberfläche gelangte, abkühlte und erstarrte.

Erz
Ein Gestein, aus dem wertvolle Stubstanzen, wie zum Beispiel ein Metall oder Edelsteine, gewonnen werden können.

Fluor
Ein chemisches Element, das in verschiedenen *Mineralen*, wie zum Beispiel Topas, enthalten ist und ihre Farbe beeinflußt.

Gemäßigte Zone
Das Gebiet der Erde, das zwischen den *Polargebieten* und den *Tropen* liegt und in dem das *Klima* das ganze Jahr hindurch weder sehr heiß noch sehr kalt ist.

Granit
Ein hartes *Eruptivgestein,* das überwiegend aus den *Mineralen Quarz* und Feldspat besteht.

Kalkstein
Ein *Sedimentgestein,* das unter anderem *Kalziumkarbonat* (Kalk) enthält.

Kalzit
Ein durchscheinendes oder weißes *Mineral* aus reinem *Kalziumkarbonat*.

Kalziumkarbonat
Ein chemisches Molekül aus Kalzium, Kohlenstoff und Sauerstoff ($CaCO_2$). Es findet sich in *Kalzit,* Kreide und anderen *Kalkstein*arten.

Kern
Der innerste Abschnitt der Erde. Er besteht vermutlich aus festen Gesteinen.

Klima
Die Witterungsverhältnisse, die in einem bestimmten Gebiet im Verlauf langer Zeiträume herrschen.

Kohlendioxid
Ein farb- und geruchloses Gas (CO_2), aus dem ein Dreitausendstel unserer *Atmosphäre* besteht.

Kohlensäure
Eine schwache Säure, die sich bildet, wenn sich Kohlendioxid aus der *Atmosphäre* in Wasser löst.

Kondensation
Wasser kondensiert, wenn es abkühlt und sich aus einem Gas (Wasserdampf) wieder in eine Flüssigkeit verwandelt (der der *Verdunstung* entgegengesetzte Vorgang).

Kontinent
Eine der großen Landmassen der Erde. Kontinente sind zum Beispiel Afrika, Europa und Australien.

Korund
Ein sehr hartes *Mineral* aus Aluminium und Sauerstoff (Al_2O_3). Rubine und Saphire sind besondere Arten von Korund.

Kruste
Die verhältnismäßig dünne äußere Schicht der Erde. Unter der Kruste liegt der *Mantel.*

Die Kartierung der Erde
Die Abbildungen zeigen die Kontinente, die Subkontinente und die Meere der Erde. Die Antarktis (der Kontinent, der den Südpol umgibt) findet sich auf der kleinen Karte ganz rechts. Die Methode, mit deren Hilfe die Kugelgestalt der Erde auf einem flachen Blatt Papier wiedergegeben wird, nennt man *Projektion.* Doch jede Form der Projektion (es gibt mehrere, von denen zwei hier illustriert sind) kann die Erde nicht ohne ein gewisses Maß an Verzerrung darstellen.

Lava
Geschmolzenes Gestein, das aus einem Vulkan austritt.

Lithosphärische Platte
Eine der riesigen, leicht gewölbten Plattenstücke, die ständig in Bewegung sind und sich wie die Teile eines Puzzles zur Erdoberfläche zusammenfügen.

Magma
Geschmolzenes Gestein tief unter der Erdoberfläche.

Magnetfeld
Eine unsichtbare Kraft, die einen Körper, wie zum Beispiel die Erde, umgibt und bewirkt, daß andere Körper von ihr angezogen werden.

Mangan
Ein chemisches Element, das in manchen *Mineralen* wie etwa *Quarz* enthalten ist und ihre Farbe beeinflußt.

Mantel
Die zwischen der *Kruste* und dem *Kern* liegende Mittelschicht der Erde.

Meeresströmungen
Weiträumige Bewegungen von Meerwasser, die durch die Erwärmung der oberen Wasserschichten und die Drehung der Erde um ihre eigene Achse zustande kommen.

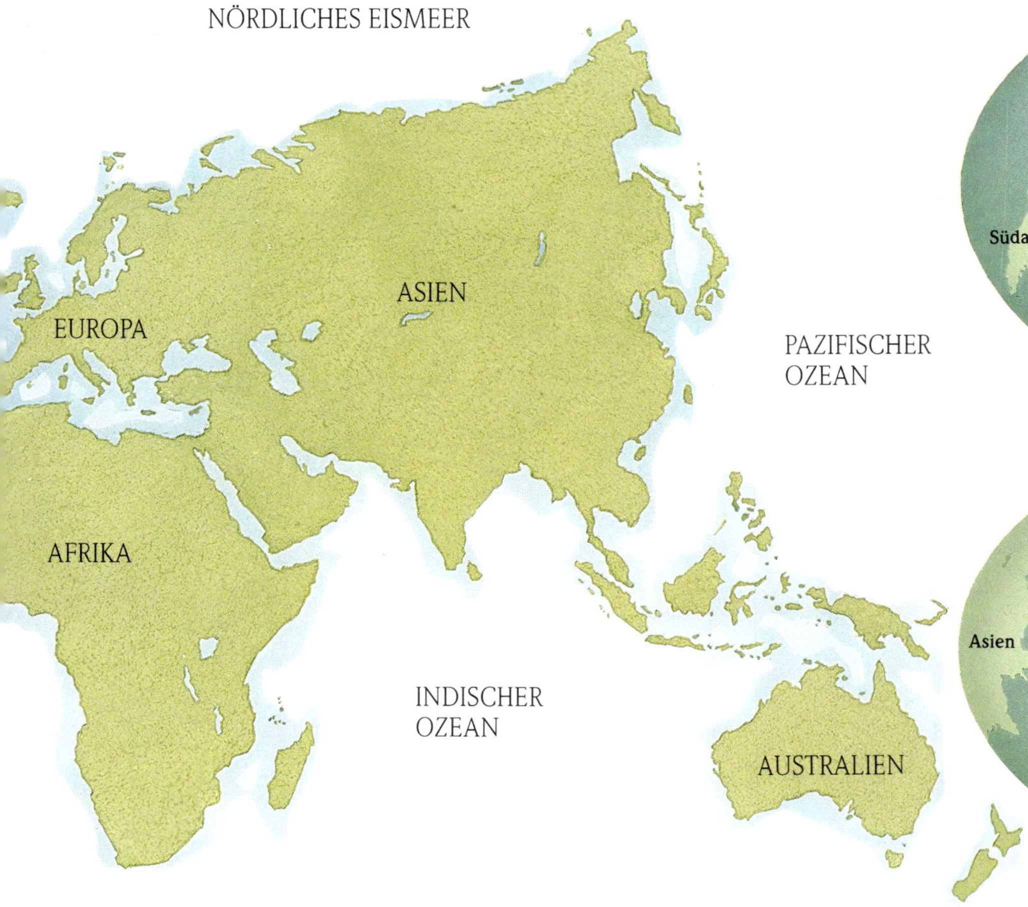

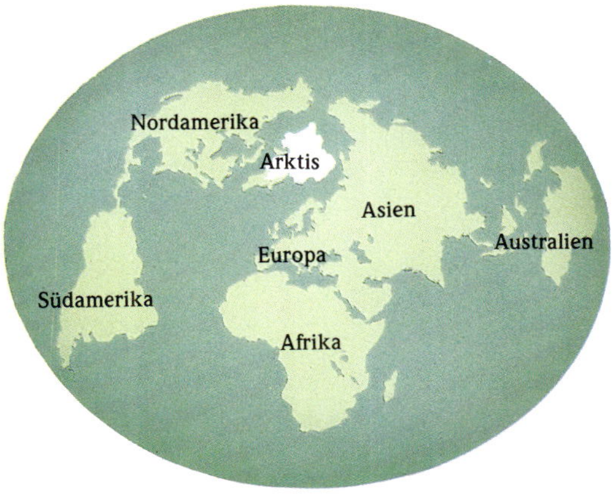

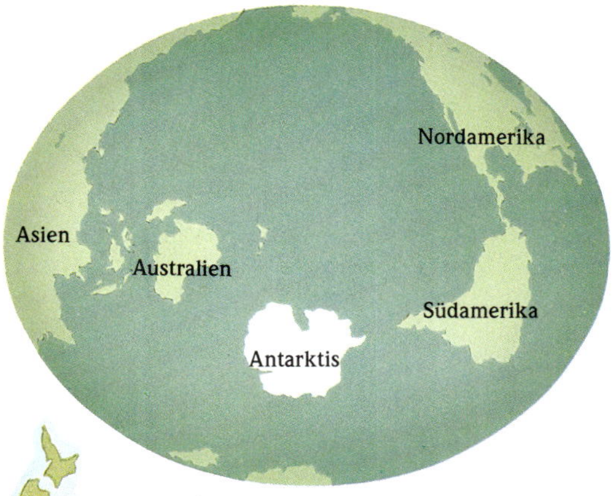

Megawatt
Eine Einheit zum Messen von elektrischem Strom. Ein Megawatt entspricht einer Million Watt (eine kräftige Glühbirne hat 100 Watt).

Metamorphes Gestein
Ein Gestein, das sich durch die Einwirkung von starkem Druck und großer Hitze umgewandelt hat, aber nicht geschmolzen ist.

Mineral
Eine natürliche, leblose Substanz von einer ganz bestimmten chemischen Zusammensetzung und entsprechenden Eigenschaften. *Quarz* zum Beispiel besteht aus Silizium und Sauerstoff (Siliziumdioxid, SiO_2). Gesteine sind Mischungen aus verschiedenen Mineralen.

Monsun
Die heftigen Regenfälle, die über dem Indischen Ozean und den an ihn angrenzenden Ländern zu bestimmten Jahreszeiten niedergehen.

Planet
Ein großer Himmelskörper, der um einen Stern kreist.

Plankton
Winzige Tiere und Pflanzen, die im Wasser von Meeren, Seen und Flüssen schweben.

Polargebiete
Die Gebiete in der Umgebung des Nord- und des Südpols, in denen das *Klima* das ganze Jahr hindurch sehr kalt ist.

Quarz.
siehe *Mineral*

Riff
Ein Felsengebilde, das überwiegend aus *Kalkstein* besteht und im Laufe der Jahrhunderte von Korallen gebildet wurde.

Sandbank
Eine Sandablagerung vor der Küste, die durch die Einwirkung von Wind, Gezeiten und *Meeresströmungen* entstanden ist.

Sandstein
Ein *Sedimentgestein,* das durch die Zusammenballung und Verdichtung von Sandkörnchen entstanden ist.

Saurer Regen
Regen, der zu einer Säure geworden ist, nachdem sich chemische Elemente, die sich in Form von Gasen in der Luft befanden, in Wasser gelöst haben. Er zersetzt Gestein und schädigt Pflanzen und Tiere.

Schwefel
Ein chemisches Element, das in Abgasen enthalten ist. In der *Atmosphäre* löst es sich in Wasser, wird zu Schwefelsäure und gelangt in Form von *saurem Regen* auf die Erde.

Schwerkraft
Die Kraft, die bewirkt, daß Gegenstände sich gegenseitig anziehen. Wenn sie wie die Erde sehr groß sind, ist auch ihre Schwerkraft entsprechend stark.

Sediment
Ablagerungen von Sand, Geröll, Schotter oder Salzen.

Sedimentgestein
Gestein, das sich dort gebildet hat, wo sich *Sedimente* (Sand, Schlamm oder die Überreste von Lebewesen) abgelagert haben und dann zu einer festen Masse zusammengepreßt wurden.

Seismische Wellen
Durch Erbeben verursachte Erschütterungen.

Seismograph
Ein Gerät, das die Erschütterungen der Erdkruste aufzeichnet.

Silizium
Ein chemisches Element, das in Gestein häufig vorkommt und *Minerale* wie *Quarz* bildet.

Solarzelle
Eine Vorrichtung, die Licht (im allgemeinen Sonnenlicht) in elektrischen Strom umwandelt.

Sonnenflecken
Dunklere Stellen auf der Oberfläche der Sonne, an denen die Temperatur niedriger ist als in ihrer Umgebung.

Tropen
Die etwa 7 000 km breite Zone beiderseits des *Äquators,* in der das ganze Jahr hindurch ein sehr heißes *Klima* herrscht.

REGISTER

Kursiv hervorgehobene Seitenzahlen verweisen auf die ausführliche Behandlung eines Themas.